그리스도로 보는
복음서

하루에 1장씩 묵상하며 그리스도 알아가기

그리스도로 보는 복음서

김평래 지음

The Gospel
of
Christ

예솔

머리말

"시몬 베드로가 대답하여 이르되 주는 그리스도시요 살아 계신 하나님의 아들이시니이다" (마태복음 16장 16절)

만약 복음서가 없었다면 어떻게 되었을까? 아마도 우리는 예수 그리스도와 그분의 십자가 그리고 그분의 부활과 승천을 몰랐을 것이다. 그리고 그 결과 지금도 모든 사람들이 아무 소망도 없이 그저 죄와 어둠 속에서 하루하루를 지내고 있었을 것이다. 길이요 진리요 생명 되신 그분을 모르기 때문이다.

그런데 하나님께서는 우리를 불쌍히 여기사 성경 기자들로 하여금 복음서를 기록하게 하시고, 우리에게까지 전하게 해주셨다. 할렐루야!

복음서는 성경의 핵심이다. 구원은 오직 예수 그리스도를 믿음으로써만 얻을 수 있는데, 복음서는 예수 그리스도에 대해 자세히 쓰인 성경이기 때문이다 (눅 24:27).

복음서를 통해 우리는 예수 그리스도가 누구신지, 이 세상에 오셔서 무슨 일을 하셨는지 그리고 지금은 어디서 무엇을 하고 계신지를 알 수 있다. 그러기에 비록 세상이 속인다 할지라도 또 아무리 세상에서 우겨쌈을 당할지라도, 성도들은 하나님 나라에 대한 소망을 가지고 살아갈 수 있는 것이다. 천국(하나님 나라)은 죽어서 가는 그 어떤 곳이 아니라 그분의 통치를 받는 곳이며, 그분과 동행하는 곳이기 때문이다. 또 그분께서 먼저 십자가의 길을 가시고 승리하셨듯이, 우리 성도들도 마침내 승리하게 될 것을 믿기 때문이다.

『그리스도로 보는 모세오경』을 출간할 때부터 성경의 핵심인 복음서에 대한 책을 출간하려는 생각을 가지고 쭉 준비를 해왔다. 다행히 첫 출판 과정이 은혜로 순적하게 진행되었으며, 이에 용기를 얻어 다시 이 책을 발간하게 되었다.

무엇보다 먼저 모든 상황을 주관하사『그리스도로 보는 복음서』를 출간하게 해주신 주님께 감사와 찬양을 올려드리며, 부디 부족한 이 책이 독자분들에게 예수 그리스도가 누구신지를 이해하는 데 작은 도움이라도 되기를 기대해 본다.

또한 그동안 노고를 아끼지 않으신 예솔출판사의 김재선 사장님과 여러 관계자분께 감사드리며, 온갖 뒷바라지를 하면서 원고에 대한 의견 제시는 물론 직접 교정까지 해준 아내에게 이 책을 드린다.

저자 김 평 래

추천사

목회자는 누구인가? 목회자는 글을 쓰는 사람이다. 좋은 글을 쓰는 사람이다. 좋은 글은 어떤 글인가? 위로와 격려와 칭찬의 글이다.

이것뿐인가? 아니다.
좋은 글은 길을 보이는 글이다. 진리의 길, 생명의 길을 보이는 글이다.

한편 좋은 글은 영혼을 치유하는 글이다. 영혼도 상처를 받는다. 상처는 치유되지 않으면 독이 된다. 좋은 글을 쓰려면 들어야 한다. 길이요 진리요 생명이신 예수 그리스도의 말씀을 잘 들어야 한다. 그리고 기도와 묵상으로 소화해서 표현해야 한다.

김평래 목사님은 복음이신 그리스도의 말씀을 잘 듣는다. 그리고 오늘의 언어로 잘 표현한다.
그는 신실한 목회자다. 신실한 믿음에서 좋은 글이 나온다. 좋은 글은 그리스도처럼 영혼을 사랑하는 마음으로 쓰는 글이다. 순전한 구령(救靈)의 열정으로 쓴 글이기에 손이 간다. 읽어진다. 아멘이 된다. 진한 감동이 인다.

좋은 글에는 분명한 목적이 있다. 만남이다. 가장 좋은 만남은 복음이신 예수님과의 만남이다.

언제나 좋은 글을 쓰시는 목사님이 이번에도 아무나 쓸 수 없는 복음을 낳았다.

이 책을 통해서 복된 만남이 있을 것이다.
이 만남의 향기는 멀리 갈 것이다.
이 만남의 기쁨은 오래도록 남을 것이다.
이 만남의 열매는 영원한 생명이다.

복음이신 그리스도와의 값진 만남을 낳으신 김평래 목사님의 깊은 영성과 산고의 수고에 머리를 숙이며 『그리스도로 보는 복음서』를 온 마음을 다해 기쁘게 추천한다.

이 화 영 목사
(금호교회 담임 목사, 전 서울노회장, R.O.T.C 15기)

추천사

　김평래 목사님의 성경 강해가 이렇게 묶여 또다시 한 권의 책으로 출간되는 것을 축하드립니다. 김 목사님은 서울대학교에서 학부를 마치신 후 아세아연합신학대학교(Acts)에서 목회학 석사(M. Div) 과정을 졸업한 저의 동문 선배이신 분입니다. 그리고 저와는 제법 오랫동안 신앙적인 교류를 나누고 있는 몇 안 되는 특별한 지기 중 한 분이기도 합니다. 따라서 저는 이분의 신앙과 신학적인 정체성을 잘 알고 있다고 나름대로는 자신하고 있습니다.

　김 목사님이 이전에 저술했던 『그리스도로 보는 모세오경』을 접하신 분들은 짐작하고 계시겠지만, 이분의 신학은 철저하게 하나님의 절대주권사상에 의지한 그리스도 중심적이라는 특징을 나타내고 있습니다. 이런 신학적인 방향성에 대한 저자의 고집을 우리는 『그리스도로 보는 복음서』라고 하는 그 주제가 명료하게 반영되어 있는 제목에서부터 또다시 물씬 전달받을 수 있을 것입니다. 그리고 이러한 신학적인 방향성이 항상 저를 감동시킵니다.

　김 목사님은 당대에 신앙을 획득한 제1세대 신앙인입니다. 그럼에도 불구하고 그의 신학과 신앙에 대한 열정에는 체험적인 신앙에 대한 발현과 위기를 조장하고 있는 현대 신학에 대한 우려가 철저하게 녹아들어 있습니다. 저자는 자신의 모든 소망을 이 땅에서는 전혀 발견할 수 없다는 것을 깊이 인식하고 있는 그 어떤 오래된 그리스도인의 집안보다도 더 노련한 신앙인입니다. 그리고 이런 그의 깊은 우려가 올바른 복음에 대한 선포의 길로 지금 그를 이끌고 있는 것입니다. 그리스도의 제자 된 자로서 반드시 실천해야 할 이웃 사랑에 대한 완성을 우리는 "온 족속으로 제자를 삼으라"고 명하신 지상명령(Great Commission)의 위대한 사역에서 발견할 수 있습니다. 이때 이 책의 선포가 이웃 사랑을 실천하기 위한 복음이라고 하는 좋은 소식을 우리에게 전달하고 있습니다.

난립하고 있는 그릇된 복음에의 선포가 기복신앙(祈福信仰)에 대한 간교한 제안을 이 세상에 던지고 있다면, 이 책에서 던지고 있는 복음에 대한 제안은 이 땅에서 잘 사는 것이 아닌 잘 죽는 것에 집중되어 있습니다. 이때 우리는 잘 죽기 위해 잘 살 수밖에 없는 그리스도인들의 의무를 실천할 수 있을 것입니다. 한국교회 안에 던져지고 있는 광야의 외치는 자의 소리를 부디 많은 독자제현들이 들을 수 있기를 간절히 소망합니다.

임마누엘교회 김 경 천 목사
(조직신학 박사, 전 아세아연합신학대학교 조직신학교수)

차례

1. 마태복음 MATTHEW ● 13

2. 마가복음 MARK ● 71

3. 누가복음 LUKE ● 105

4. 요한복음 JOHN ● 155

5. 사도행전 ACTS ● 199

마태복음
MATTHEW

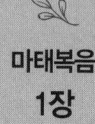

마태복음 1장

예수, 성령으로 잉태되신 분

예수 그리스도의 나심은 이러하니라 그의 어머니 마리아가 요셉과 약혼하고 동거하기 전에 성령으로 잉태된 것이 나타났더니(1:18)

예수님은 완전한 하나님이시면서(빌 2:6), 동시에 완전한 인간이셨다. 하나님의 요구 수준을 만족시킬 수 있는 분은 하나님 한 분밖에는 없기에 그분은 하나님이셔야 했으며, 또한 그분은 인간을 대표하셔야 했기에 인간이실 수밖에 없는 것이다.

물론 이 사실은 인간의 이성으로는 쉽게 믿어지지 않는다. 그러나 한갓 피조물에 지나지 않는 인간이 어찌 창조주 하나님께서 행하시는 모든 일을 이해할 수 있겠는가? 우리는 그저 하나님의 선포를 '믿음으로' 받아들일 수 있을 뿐이다. 그러기에 믿음 또한 선물이라고 하는 것이다.

"믿음의 주(主)요 또 온전하게 하시는 이인 예수를 바라보자"(히 12:2)

한편 예수님의 탄생은 아주 오래전부터 약속된 것이다. 먼저 아담이 범죄하자 하나님은 여인의 후손을 약속하셨으며(창 3:15), 또 다시 이사야 선지자를 통해 구체적으로 반복하셨다(사 7:14). 그리고 마침내 하나님께서 정하신 때가 되자 성육신(成肉身)하신 것이다.

그러나 예수님의 탄생은 성령에 의한 것이었다. 물론 육신적으로는 미리 약속하신 대로 아브라함과 다윗의 후손으로 오셨지만, 보통 인간의 잉태와는 달랐던 것이다. 다시 말해서 예수님은 성령으로 잉태하신 첫 번째 사람으로서 앞으로 그와 같은 방법으로 그분의 형제들이 많이 태어날 것임을 미리 보여주신 것이다. 그리고 일차적으로는 육신적인 방법으로 태어났지만 성령으로 거듭 태어난 사람들이 바로 예수님의 형제인 성도들인 것이다. 할렐루야!

"예수께서 대답하여 이르시되 진실로 진실로 네게 이르노니 사람이 거듭나지 아니하면 하나님의 나라를 볼 수 없느니라" (요 3:3)

한편 예수님이 태어날 당시는 이민족의 오랜 통치로 말미암아 구원자라는 뜻을 가진 '예수(Jesus)'라는 이름이 많이 유행했다고 한다. 그러나 그들은 자신들을 로마 제국으로부터 해방시키고 세상적인 복을 가져다 줄 민족적, 정치적 메시아를 고대했을 뿐이다. 이와는 달리 예수님은 우리를 죄에서 구원하시기 위해 오신 진정한 메시아이시며, 그 구원을 위해 십자가에 달려 죽으셨다.

그러기에 그분의 자녀요 형제인 우리 역시 다른 사람들을 살리기 위해 십자가의 삶을 살아야 한다. 오직 성령으로 거듭 태어난 자들만이 진정한 하나님의 자녀이며, 그분이 가신 십자가의 길을 갈 수 있고, 그들만이 그분의 나라에서 영원히 살 수 있기 때문이다.

"예수께서 대답하시되 진실로 진실로 네게 이르노니 사람이 물과 성령으로 나지 아니하면 하나님의 나라에 들어갈 수 없느니라 육으로 난 것은 육이요 영으로 난 것은 영이니" (요 3:5, 6)

마태복음 2장

생명의 떡으로 오신 예수

또 유대 땅 베들레헴아 너는 유대 고을 중에서 가장 작지 아니하도다 네게서 한 다스리는 자가 나와서 내 백성 이스라엘의 목자가 되리라 하였음이니이다(2:6)

예수님께서 이 땅에 오신 것은 결코 우연한 일이 아니며, 창세전 삼위일체 하나님 간의 약속에 의한 것이다. 그리고 그분의 이 땅에서의 인생 여정 또한 미리 계획된 것으로 일점일획도 틀림없이 그 길을 가셨다(6, 15, 17절).

먼저 예수는 성령으로 잉태되어 처녀 마리아에게서 나셨다(사 7:14).

그리고 그분은 예루살렘이 아니라 유대의 작은 고을 베들레헴에서 나셨다(미 5:2). 이곳 베들레헴은, 예수님을 예표하며 그분의 육적 조상인 다윗이 태어난 곳이기도 하다. 베들레헴의 뜻은 '떡집'인데, 이는 예수님께서 죄로 인해 죽을 수밖에 없는 우리에게 먹히심으로 생명을 주시기 위해 생명의 떡으로 오셨음을 의미하는 것이다.

또 예수님은 그를 죽이려는 헤롯을 피해 애굽으로 도피하셨다가 그가 죽은 후 다시 이스라엘로 돌아오셨다(14, 15절). 이는 애굽에서 종노릇하던 이스라엘 백성들이 걸었던 여정을 반복하신 것인데, 장차 세상(애굽)에서 종노릇하고 있는 성도들을 해방시켜 천국(가나안)으로 인도해 가실 것임을 예표하는 것이다.

그리고 애굽에서 돌아오신 후 예수님은 나사렛에 사셨다. 나사렛은 당시 흑암과 어둠의 땅으로 불리던 갈릴리의 작은 마을로서, 예수님께서 멸시와 천대를 받는 삶을 사실 것임을 미리 보여주고 있는 것이다. 나아가 그분을 믿는 성도들 역시 이 세상에서는 그분과 같은 길을 가게 될 것임을 보여주는 것인데, 그런 삶을 산 성도들만이 진정한 최후의 승리자들이다.

한편 동방에서 박사들이 찾아와 그분 앞에 엎드려 경배하고, 황금과 유향과 몰약을 예물로 드렸다. 여기서 황금은 예수의 만왕의 왕 되심을, 유향(乳香)은 성전 제사에 드려지던 것으로 장차 예수께서 참대제사장으로서 하나님과 죄인인 인간 사이에 화평을 이루실 것임을, 그리고 몰약은 시체에 바르는 방부제인데, 예수님은 이 모든 것을 이루기 위해 죽기 위해 오신 분이심을 나타내는 것이다.

끝으로 헤롯왕에 의해 예수님이 탄생하신 베들레헴과 그 지경에 있던 두 살 이하의 사내아이들이 모두 살해를 당했다. 이는 장차 대적 사탄이 예수님의 사역을 방해하려고 발악을 할 것임을 미리 보여준 것인데, 그분과 그분을 따르는 사람들의 삶이 결코 평탄치 않을 것임을 알려주고 있다. 그러나 이런 사탄의 방해에도 불구하고 예수님의 십자가의 삶과 죽으심으로 말미암아 성도들은 구원을 받는다. 할렐루야!

"흑암에 앉은 백성이 큰 빛을 보았고 사망의 땅과 그늘에 앉은 자들에게 빛이 비치었도다"(마 4:16)

마태복음 3장

주의 길을 예비하라

광야에 외치는 자의 소리가 있어 이르되 너희는 주의 길을 준비하라 그가 오실 길을 곧게 하라(3:3)

선지자 말라기 이후 400년간 침묵하시고, 하나님이 아니라 스스로 왕이 되어 사는 삶이 곧 패배임을 경험케 하셨던 하나님께서 이제 직접 일을 시작하신다.

이를 위해 먼저 세례 요한을 보내시는데, 그가 선포한 말씀은 "회개하라. 천국이 가까이 왔다"였다. 스스로 천국을 만들어 보겠다는 인간의 계획이 실패했기에, 이제 천국 그 자체이신 예수님께서 친히 이 땅에 오셨다는 것이다.

먼저 회개란 잘못에 대한 단순한 후회가 아니다. 참된 회개는 가던 길을 돌이켜 방향을 완전히 바꾸는 것을 의미하는데, 이 일은 하나님의 은혜 없이는 될 수가 없다. 또한 지금까지 살아온 자신의 방식이 잘못되었다는 것과 함께 자신의 힘으로는 아무것도 할 수 없음을 인정해야 한다. 그래야 비로소 자신을 부인하고 믿음의 대상을 찾게 되기 때문이다.

세례 요한의 선포에 따라 많은 사람들이 나아와 세례를 받았는데, 예수께서도 요한에게 세례를 받으신다. 세례란 자신이 죄인 됨을 인정하는 것인데, 죄 없으신 예수님께서 죄인의 대열에 서신 것이다. 하나님의 본체이신 분이 종의 형체를 가지고 이 땅에 오셔서 죄인이 걸어가야 하는 길을 똑같이 걷고 계신 것이다.

한편 예수께서 받으신 세례는 1) 먼저 하나님의 의를 이루기 위함이었으며(신 6:25), 2) 율법의 저주를 감당하심으로 우리를 위해 죄를 담당하시기 위함이며(사 53:4~6), 3) 예수님이 당하실 대속적 고난과(눅 12:50) 4) 죄로 인해 타락한 인간과 자신을 완전히 일치시키시는 행위였다(고후 5:21).

18 그리스도로 보는 복음서

> "하나님이 죄를 알지도 못하신 이를 우리를 대신하여 죄로 삼으신 것은 우리로 하여금 그 안에서 하나님의 의가 되게 하려하심이라" (고후 5:21)

예수님은 세례를 받으실 분이 아니라 불과 성령으로 우리에게 세례를 베푸시는 분이시다(11절). 그러나 그분은 우리가 받아야 할 불 심판을 홀로 받으시고, 우리를 살리시기 위해 성령을 보내주셨다. 한 알의 열매가 땅에 떨어져 죽음으로 많은 열매를 맺게 된 것이다.

한편 그리스도인들은 그리스도 예수께서 가신 길을 따라가는 자들이다. 그러기에 그분이 먼저 가신 것처럼 우리 역시 옛 사람이 성령에 의해 예수 안에서 죽는 세례를 받아야 한다(갈 2:20). 그렇게 성령의 불에 의해 정결케 된 자들만이 세례 요한처럼 다시 오실 주님의 길을 예비할 수 있기 때문이며, 장차 예수님처럼 다음과 같은 말씀을 듣게 될 것이다.

> "하늘로부터 소리가 있어 말씀하시되 이는 내 사랑하는 아들이요 내 기뻐하는 자라 하시니라" (17절)

마태복음 4장

예수, 말씀으로 시험을 이기시다

예수께서 대답하여 이르시되 기록되었으되 사람이 떡으로만 살 것이 아니요 하나님의 입으로부터 나오는 모든 말씀으로 살 것이라 하였느니라 하시니(4:4)

예수는 참하나님이시면서 동시에 참인간이셨다. 또 참이스라엘, 곧 참된 성도의 모형이셨다. 그러기에 성도들이 이 세상에서의 영적 싸움에서 어떻게 승리할 수 있는가를 40일간의 시험을 통해 보여주고 계신 것이다.

먼저 예수가 당하신 시험은 성령에 이끌리어 당하신 시험이었는데, 그 시험이 행해진 곳은 광야였다. 이를 보건대 성도들 또한 믿음의 성숙을 위해 이 세상(광야)을 사는 동안 시험을 받는 것이다.

이스라엘 백성은 홍해를 건넌 후(세례를 받은 후) 즉시 가나안으로 들어간 것이 아니라 광야에서 40년간 시험을 받았다. 다시 말해서 성도들의 인생 역시 세례를 받은 후 오히려 시험으로 점철되는데, 그럼에도 불구하고 예수님께서 승리하신 것처럼 반드시 승리하게 되어 있다.

그렇다면 어떻게 승리할 수 있는가? 예수님께서 부활승천하신 후 보내주신 성령을 의지할 때 우리는 승리할 수 있다. 예수님께서 말씀으로 승리하신 것처럼 우리 역시 말씀(=성령의 검)으로 승리할 수 있는 것이다(엡 6:17, ~ 성령의 검 곧 하나님의 말씀을 가지라).

예수님께서는 계속되는 사탄의 유혹을 말씀으로 이기셨는데, 예수님이 당하신 이 세 가지 시험은 모든 성도들이 인생을 살아가는 동안 모두 당해야 하는 시험들이다. 그러므로 우리가 말씀을 올바로 이해하고 순종할 때, 우리도 승리할 수 있다.

먼저 배고픔으로 대표되는 육신의 정욕은 가장 먼저 오는 시험이다. 인간은 생존을 위해 무언가를 먹어야 하며, 그래서 가장 넘어지기 쉽다. 그러나 우리에게 영생을 주는 양식은 세상의 떡이 아니라 하나님의 말씀이다. 하나님의 말씀(생명의 떡)으로 오시고 생명 그 자체이신 예수를 먹게 되면(=믿으면), 우리는 영생을 얻게 되는 것이다.

둘째 시험은 '성전에서 뛰어내려 능력을 보이라' 는 것이었다. 사탄은 심지어 성경 구절을 들먹이기도 한다. 이를 보건대 말씀을 많이 아는 것보다 더 중요한 것은 말씀을 바로 알아야 한다는 것이다. 사탄은 말씀으로도 우리를 시험에 빠지게 하기 때문이다. 그러므로 우리는 모든 것이 나를 위한 것인가 혹은 하나님을 위한 것인가를 먼저 생각해야 한다. 비록 성경에 기록된 말씀일지라도 그 말씀을 나를 위해 사용한다면, 그 끝은 곧 멸망이다.

세 번째 시험은 '온 세상(네가 원하는 모든 것)을 줄 테니, 내게(사탄) 절하라' 는 것이었다. 인간은 하나님을 위해 창조되었다. 그러나 타락한 이후 모든 인간은 이 사실을 잊고 자기 자신을 위해 산다. 그리고 이것이 곧 모든 죄의 근원이다. 그런데 지금도 자기 자신이 왕 되기 위해 그리고 세상 것들을 얻기 위해 교회에 나가는 사람들이 너무나 많다. 그러나 나를 섬기는 것이 아니라 하나님께 경배하고 그분을 섬기는 것이, 곧 영생이며 승리의 길이다.

"이에 예수께서 말씀하시되 사탄아 물러가라 기록되었으되 주 너의 하나님께 경배하고 다만 그를 섬기라 하였느니라" (10절)

마태복음 5장

산상수훈 = 예수님의 십계명 = 사랑

나는 너희에게 이르노니 너희 원수를 사랑하며 너희를 박해하는 자를 위하여 기도하라(5:44)

출애굽 후 모세는 시내산에서 하나님께 받은 십계명을 이스라엘 백성들에게 선포했다. 예수님께서도 이름 모르는 산에서 산상수훈을 선포하신다.

한편 예수께서는 십계명보다 더 엄격한 잣대를 제시하신다. '살인하지 말라' 정도가 아니라 '형제를 미련한 놈' 이라고 한 사람도 살인한 것이며, '간음하지 말라' 정도가 아니라 음욕을 품고 여자를 보는 자마다 이미 간음한 것이며, 심지어 '원수까지 사랑하라' 명령하신다.

그렇다면 그 옛날 이스라엘 백성들도 십계명을 제대로 지키지 못했는데, 누가 과연 이 엄격한 새로운 법을 지킬 수 있겠는가? 오직 한 분 완전한 인간이신 예수님만이 지키실 수 있을 뿐이다. 그러기에 그분은 지금 우리에게 '그 모든 것을 완전히 지키신 나를 믿으라' 요구하고 계신 것이다. 예수를 믿는 자는 그 모든 율법을 지킨 의를 전가 받게 되는 것이다. 할렐루야!

한편 많은 사람들, 심지어 힌두교 신자인 간디까지 산상수훈에서 언급하신 복(福)을 받기 위해 열심을 냈으며 지금도 내고 있다. 예를 들어 '온유한 자는 복이 있나니 그들이 땅을 기업으로 받을 것임' (5절)이라는 말씀을 오해해, 땅을 기업으로 받기 위해 억지로 온유한 척하고 있는 것이다. 물론 그런 노력 자체가 나쁘다는 뜻은 아니다. 그러나 이 말씀은 성도들(이미 복을 받은 자들)이 장차 은혜로 온유하게 될 것이라는 뜻이지, 온유한 척한다고 땅이 생긴다는 뜻이 아니다.

믿음 생활의 열매는 성품이지, 세상적인 것을 얼마나 많이 얻어내느냐가 아니다. 하나님께서는 결국 우리를 사랑하는 자로 지어가실 것인데, 사랑(agape)

은 그 사랑을 받는 사람의 유익을 위해 자신을 주는 것이다. 상대방에게서 얻을 수 있는 대가가 아니라 주는 사람의 성품에서 나오는 것이라는 뜻이다. 그러므로 우리는 원수를 좋아할 수는 없지만 사랑할 수는 있다. 예수님께서 하나님의 원수인 우리를 사랑하신 것처럼 말이다. 믿음생활은 한마디로 주님의 은혜로 하나님과 이웃을 사랑하는 자로 지어져가는 과정이다.

"네 마음을 다하고 목숨을 다하고 뜻을 다하고 힘을 다하여 주 너의 하나님을 사랑하라 하신 것이요 둘째는 이것이니 네 이웃을 네 자신과 같이 사랑하라 하신 것이라 이보다 더 큰 계명이 없느니라" (막 12:30, 31)

"그런즉 믿음, 소망, 사랑, 이 세 가지는 항상 있을 것인데 그중의 제일은 사랑이라" (고전 13:13)

마태복음 6장

생존이냐 생명이냐

사람에게 보이려고 그들 앞에서 너희 의를 행하지 않도록 주의하라 그리하지 아니하면 하늘에 계신 너희 아버지께 상을 받지 못하느니라(6:1)

율법을 폐하려는 것이 아니라 완성하러 오신 예수님께서는 당시 사람들이 가장 중요시했던 세 가지(구제, 기도, 금식)에 대해 말씀하신다.

먼저 이것들을 행할 때 '사람에게 보이려 하지 말고, 은밀하게 하라' 말씀하신다. 위 세 가지는 올바른 신앙생활을 위해 유익한 것이다. 그런데 타락한 인간들은 본래의 취지를 잊고 오히려 남에게 보이기 위해 하기 쉬우므로, 그런 본성대로 하지 말고 은밀하게 하라 말씀하시는 것이다.

"네 구제함을 은밀하게 하라 은밀한 중에 보시는 너의 아버지께서 갚으시리라" (4절)

한 마디로 외식(外飾)하지 말라는 뜻인데, 외식이란 겉과 속이 다른 것이 아니라 '자기 자신을 위해서 하는 모든 행위'를 말한다. 한편 타락한 인간은 모든 것을 자신을 위해 행하는 악당들이다. 그런데 그런 자신을 부인하는 것이 신앙생활의 요체이니, 이 무슨 아이러니란 말인가?

계속해서 그리스도인들의 재물과 염려에 대해 말씀하신다. 우리 몸과 재물은 하나님께서 주신 것이기에 그리스도인들은 절대로 이것들을 천하게 여겨서는 안 된다. 다만 문제는 우리가 이런 것들에 매이면, 염려하게 된다는 것이다. 그러나 먹고사는 것을 포함한 이런 문제들은 우리가 염려한다고 해결될 수 있는 것이 아니다. 그러기에 성도들은 이 모든 것을 주관하고 또 책임지시는 하나님께 맡겨야 하는 것이다.

한편 우리가 가장 자주 그리고 크게 하는 염려는 재물(財物)이다. 돈이면 무엇이든지 다 할 수 있다는 생각이 팽배한 요즘 세상에서 돈이 우리 주인 행세를 하는 경우가 많기 때문이다. 우리는 흔히 '돈을 번다'고 말하지만, 사실 거의 모든 사람들이 돈의 노예로 살고 있는 것이다. 그러나 하나님은 우리를 재물의 종이 아니라 하나님만 섬기는 자녀로 부르셨다. 그리고 그분은 우리의 모든 필요를 다 알고 계시며(32절), 또 필요한 만큼 반드시 공급해주신다.

그러므로 우리는 생존에 필요한 것들을 염려하지 말고, 우리에게 참된 생명을 주시는 하나님을 아버지로 바로 알고 오직 그분만을 섬겨야 한다. 그럴 때 하나님은 우리에게 永生이라는 상(賞)을 주실 것이다.

"그런즉 너희는 먼저 그의 나라와 그의 의를 구하라 그리하면 이 모든 것을 너희에게 더하시리라"(33절)

마태복음 7장

천국, 하나님의 뜻대로 행하는 자만 들어갈 수 있는 곳

나더러 주여 주여 하는 자마다 다 천국에 들어갈 것이 아니요 다만 하늘에 계신 내 아버지의 뜻대로 행하는 자라야 들어가리라(7:21)

많은 사람들이 흔히 산상수훈을 도덕윤리적 교훈의 실천을 강조하는 말씀으로 알고 있다. 과연 우리 인간 중에 예수님께서 선포하신대로 다 행할 수 있는 사람이 있을까? 그렇다면 그 사람은 자신의 의로운 행위로 천국에 들어갈 수 있는 참으로 위대한 사람일 것이다.

그러나 성경은 '의인은 없나니 하나도 없다'고 선언하고 있다(롬 3:10, 시 14:1, 53:1). 그런데 우리 인간이 무슨 수로 자신의 의로운 행위로 천국에 들어갈 수 있단 말인가?

여기에 '예수 이름으로' 선지자 노릇을 하며 귀신을 쫓아내며 많은 권능(기적)을 행한 사람들이 있다(22절). 그런데 예수님은 그 사람들을 도무지 알지 못한다 말씀하시며, 더 나아가 불법을 행하는 자들이라 질책하신다. 왜 그러실까? 그들은 그럴듯한 많은 일들을 예수 이름으로 했지만, 실제로는 '자신의 영광을 위해' 한 위선자들이기 때문이다. 그리고 가장 중요한 것은 예수님께서 그들을 알지 못했다는 것이다. 한마디로 그들은 택함받은 백성이 아니었던 것이다.

요즘도 예수 이름으로 놀라운 능력을 행하는 가짜 선지자들(목사들)이 많다. 그러나 성경 어디에도 기적이 사람을 구원했다는 말은 없다. 그 크고 넓은 홍해가 갈라지는 기적을 목격한 이스라엘 백성들은 금방 하나님을 원망했다. 그리고 죽은 나사로를 다시 살리셨을 때, 사람들은 예수님을 따르기는커녕 예수님과 나사로까지 죽이기로 결정했던 것이다(요 12:10).

이 땅에 태어난 모든 사람들은 '누구나' 인생이라는 집을 짓는다. 그러나 반석(하나님의 뜻) 위에 짓지 않은 집은 세상적으로 볼 때 아무리 크고 멋있더라도 창수가 나고 바람이 불 때(심판의 날에) 와장창 무너지고 만다(27절). 오직 믿음(하나님의 뜻, 예수 그리스도라는 반석) 위에 지은 집만이 마지막 심판을 견딜 수 있는 것이다.

한편 예수님은 자신의 목숨을 버리심으로 먼저 우리를 대접하셨다. 그러므로 그 십자가 은혜로 대접을 받은 우리들 역시 십자가의 삶을 살아감으로써 다른 사람들을 대접해야 한다. 그런 삶이야말로 반석 위에 집을 지은 자의 삶이며, 그런 사람들만이 마지막 날에 '잘했다, 충성된 종아'라는 주님의 칭찬을 받게 될 것이다. 그런데 오직 창세전에 택함받은 사람들, 즉 성도들만이 그 좁은 길을 갈 수 있다.

"좁은 문으로 들어가라 멸망으로 인도하는 문은 크고 그 길이 넓어 그리로 들어가는 자가 많고 생명으로 인도하는 문은 좁고 길이 협착하여 찾는 자가 적음이라" (13, 14절)

마태복음 8장

삼가 아무에게도 이르지 말고

즉시 그의 나병이 깨끗하여진지라 예수께서 이르시되 삼가 아무에게도 이르지 말고 다만 가서 제사장에게 네 몸을 보이고(8:3, 4)

예수님께서는 공생애 동안 나병환자를 비롯해 많은 환자들을 고치시고, 귀신을 쫓아내시고 심지어 죽은 자를 살리셨다. 그런데 예수께서는 병이 나은 사실을 아무에게도 이르지 말라 명령하신다. 왜 그러셨을까?

먼저 예수님의 사역을 오해하지 않도록 하기 위한 것이다. 예수님께서 이 땅에 오신 목적은 자신의 죽음을 통해 죄의 문제를 해결하고 성도들을 천국으로 인도하시기 위함이었다. 그런데 아직 예수님이 십자가에 달려 돌아가시기 전이었기에, 이런 기적들이 알려지면 예수님의 사역이 단순히 병을 고치고 세상의 떡을 주는 것으로 오해될 수 있었기 때문이다.

예수님의 치유사역은 단순한 병 고침이 아니라, 예수님의 사역으로 인해 장차 이루어질 천국이 어떤 곳인가를 미리 보여주시기 위한 것이었다. 그곳은 질병과 죽음이 없는 곳인데(계 21:4), 지금 미리 보여주고 계신 것이다. 만약 병 고치는 것이 목적이었다면 그분은 전지전능한 하나님이시기에 모든 질병을 한꺼번에 다 없애실 수도 있으셨다. 그러나 그분은 그렇게 하지 않으셨다. 왜냐하면 질병 또한 우리의 믿음의 성숙을 위해 허락하신 것이기 때문이다.

한편 질병은 단순히 그분의 능력으로 치유된 것이 아니라 그분께서 친히 우리 질병을 대신 담당하신 것이다.

> "이는 선지자 이사야를 통하여 하신 말씀에 우리의 연약한 것을 친히 담당하시고 병을 짊어지셨도다 함을 이루려 하심이더라"(17절, 사 53:4)

물론 오늘날 성도들도 하나님이 허락하시면 예수님처럼 질병을 치유할 수도 있다. 그러나 그런 일은 극히 드물다. 우리가 해야 할 일은 예수님이 본을 보이셨던 것처럼 우리 이웃과 함께 그들의 아픔을 짊어지고 가는 것이다. 그런 우리의 십자가 삶을 통해 창세전에 택함받은 백성들이 주님께 돌아오게 될 것이다.

"너희가 짐을 서로 지라 그리하여 그리스도의 법을 성취하라" (갈 6:2)

"나의 자녀들아 너희 속에 그리스도의 형상을 이루기까지 다시 너희를 위하여 해산하는 수고를 하노니" (갈 4:19)

마태복음 9장

죄인을 부르러 오신 예수님

예수께서 들으시고 이르시되 건강한 자에게는 의사가 쓸데없고 병든 자에게라야 쓸데 있느니라(9:12)

모든 사람들은 다 죄인이다(롬 3:10). 자신이 죄인임을 알고 인정하는 의인과 죄인임을 알지 못하는 악인이 있을 뿐인 것이다. 만약 자신이 죄라는 치명적인 질병에 감염되었다는 사실을 아는 사람은 간절히 의사를 찾고, 그 결과 치료를 받게 될 것이다. 반면에 자신이 건강하다고 생각하는 사람은 의사를 찾지 않고 결국 죽음에 이르게 되는 것이다.

예수님은 자신이 '죄라는 병을 치유하러 오신 분' 임을 선포하신다.

"인자가 세상에서 죄를 사하는 권능이 있는 줄을 너희에게 알게 하려 하노라" (6절)

그렇다. 자신이 죄라는 죽을병에 걸려있다는 사실을 인정하는 자만 예수님께 나올 수 있고, 그 결과 그 병에서 벗어날 수 있다. 그분은 믿는 자들의 모든 죗값을 십자가에서 다 치르시고, 죄를 사할 수 있는 권세를 받으신 분이시기 때문이다.

물론 자신이 죄인임을 인정하고 스스로 예수님께 나올 수 있는 자들은 없다. 모든 인간은 마른 뼈처럼 영적으로 죽은 상태로 이 세상에 태어나기 때문이다(엡 2:5). 그런데 창세전에 택함받은 백성들에게는 믿음을 주심으로 나오게 하시는데, 이 목적으로 우리에게 성령을 보내주셨다. 할렐루야!

"그가(성령) 와서 죄에 대하여, 의에 대하여, 심판에 대하여 세상을 책망하시리라"(요 16:8)

30 그리스도로 보는 복음서

한편 자신이 병자(죄인)임을 깨달은 자들은 의사이신 예수님께 나아와 치유를 받게 되었다. 가난한 마음으로 예수께 나아왔던 중풍병자가 걷게 되고, 12년간 피(생명)를 흘렸던 여인의 혈루증이 치유되고, 맹인이 눈을 뜨게 되고, 죽었던 관리의 딸이 살아나는 역사가 일어났던 것이다.

이와 반대로 스스로 건강한 자(의로운 자) 라고 착각했던 바리새인들은 예수님의 사역을 율법(세상)의 눈으로 판단하여 믿지 못한 결과, 죄 가운데 머물다가 영원한 죽음에 떨어지고 말았다.

당신은 자신이 죄라는 죽을병에 걸려있다는 사실을 인정하는가? 그렇다면 속히 참된 치유자이신 주님께 나아오라. 그러면 치유받고 영생을 선물로 받게 될 것이다. 이미 구세주 예수 그리스도를 믿고 있는가? 그렇다면 그분이 가신 십자가의 길을 걸어감으로써 영원한 죽음에서 건져주신 주님을 찬양하라.

> "그가 찔림은 우리의 허물 때문이요 그가 상함은 우리의 죄악 때문이라 그가 징계를 받으므로 우리는 평화를 누리고 그가 채찍에 맞으므로 우리는 나음을 받았도다" (사 53:5)

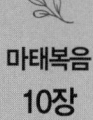

마태복음 10장

전도(傳道), 모든 그리스도인의 사명

예수께서 이 열둘을 내어 보내시며 명하여 이르시되 ~ 가면서 전파하여 말하되 천국이 가까이 왔다 하고 병든 자를 고치며 죽은 자를 살리며(10:5, 9)

12 제자를 부르신 예수님은 이들에게 권능을 주시고 전도를 명하신다. 여기서 12 제자는 곧 교회를 대표하기에, 전도(선교)는 모든 그리스도인들의 사명인 것이다.

전도란 무엇인가? 먼저 전도는 진리요 생명이신 그리스도 예수를 전하는 것, 곧 그분의 삶과 죽으심 그리고 부활을 전하는 것이다.

한편 전도는 거저 받은 것을 거저 주는 것이다. 우리의 구원은 하나님의 은혜로 거저 받은 것이다(엡 2:8, 너희는 그 은혜에 의하여 믿음으로 말미암아 구원을 받았으니). 그러기에 전도는 해도 되고 안 해도 되는 것이 아니라 반드시 해야 하는 것이다. 우리는 생명을 빚진 자이기 때문이다(롬 1:14).

또 전도는 내 힘이나 가진 것으로 하는 것이 아니라 주님께서 우리를 통해 친히 하시는 것이다. 그러기에 현재 있는 것 외에 아무것도 더 가지고 가지 말라 명하신다(9, 10절). 더 나아가 때에 따라 성령을 통해 할 말도 주시겠다 약속하신다. 이런 측면에서 어떤 상(賞)을 위해 전도한다는 것은 언어도단이다.

문제는 세상은 복음(예수)을 알지 못하기에 예수를 전하는 우리를 핍박하며, 때론 죽이기까지 한다는 것이다. 전도는 마치 양을 이리 가운데 보내는 것과 같이 위험하기 때문이다.

> "장차 형제가 형제를, 아버지가 자식을 죽는 데에 내주며 자식들이 부모를 대적하여 죽게 하리라"(21절)

그러나 이 모든 고난은 우리 주 예수께서도 이미 경험하신 것이며(24절), 비록 육신의 생명을 잃는다 해도 전혀 두려워할 필요가 없다. 우리 대적 마귀는 우리 몸을 죽일 수 있지만 영혼(영원한 생명)을 해칠 수는 없으며(28절), 생명의 주인이신 예수를 위해 목숨을 잃는 자는 목숨(永生)을 얻으리라 약속하셨기 때문이다(39절).

한편 전도는 생명이신 예수 그리스도를 선포하는 것이기에, 그분을 거부하는 것은 곧 심판이요 멸망이다.

"내가 진실로 너희에게 이르노니 심판 날에 소돔과 고모라 땅이 그 성보다 견디기 쉬우리라"(15절)

"그를 믿지 아니하는 자는 하나님의 독생자의 이름을 믿지 아니하므로 벌써 심판을 받은 것이니라"(요 3:18)

그러므로 우리는 때를 얻든지 못 얻든지 각자 자기가 있는 그 자리에서 복음을 전해야 한다(딤후 4:2). 하나님께서는 지금도 전도라는 미련해 보이는 방법을 통해 창세전에 택함받은 자기 백성을 부르시기 때문이다.

"하나님께서 전도의 미련한 것으로 믿는 자들을 구원하시기를 기뻐하셨도다"(고전 1:21)

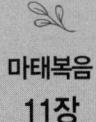

마태복음 11장

다 내게로 오라

수고하고 무거운 짐진 자들아 다 내게로 오라 내가 너희를 쉬게 하리라(11:28)

사람들은 오늘도 참된 안식을 찾는다. 그러나 참된 안식은 세상 어디에서도 찾을 수 없으며, 안식을 찾는 그 일 자체가 오히려 수고와 무거운 짐이 될 뿐이다. 왜냐하면 참된 안식은 하나님에게만 있기에 그분을 만나지 않고는 찾을 수 없기 때문이다.

그렇다면 어떻게 하나님을 만날 수 있는가? 방법은 단 하나, 길이요 진리요 생명이신 예수님께로 나아가야 한다.

> "예수께서 이르시되 내가 곧 길이요 진리요 생명이니 나로 말미암지 않고는 아버지께로 올 자가 없느니라" (요 14:6)

그렇다. 우리가 아버지 하나님께 나아가는 길은 예수밖에는 없다. 그러나 우리 스스로의 힘으로 되는 것이 아니라 길이신 예수님께서 우리를 친히 이끌어주셔야 한다. 아들이신 예수님과 아들의 소원대로 계시를 받은 자 외에는 아버지 하나님을 알 수가 없기 때문이다(27절).

그런데 하나님께서는 이런 진리를 지혜롭고 슬기 있는 자들에게는 숨기시고 어린아이들에게만 나타내신다(25절). 숨기신다기보다는 스스로 의롭다고 여기며 세상의 승리를 추구하는 자들은 종의 모습으로 오신 메시아 예수를 인정하고 받아들일 수 없기에 그분께 나아올 수 없다는 뜻이다.

이와는 반대로 세상에서 버림받은 연약한 자들은 마음이 가난하기에 세리와 죄인들의 친구로 오신 예수님께 나올 수밖에 없다. 이런 자들은 세상 어디에서도 안식을 찾을 수 없기 때문이다.

한편 구약에 약속된 메시아를 직접 본 구약의 마지막 선지자 세례 요한조차도, 악인들과 로마제국에 대해 아무런 심판도 행하지 않으시는 예수님으로 인해 잠시 실족했다. 천국을 세상적으로 이해했기 때문이다.

예수님은 십자가 지심으로 우리를 죄에서 자유케 하시고, 이를 통해 우리에게 참된 안식을 주시기 위해 오셨다. 그러므로 우리는 '내게로 오라'는 예수님의 초청을 받아들이고 그분께 나아가 그분의 멍에를 메고 매 순간 어떻게 살아가야 하는지를 그분께 배워야 한다. 그분의 멍에는 의무의 멍에가 아닌 사랑의 멍에이기에 쉽고, 그분의 짐은 우리를 참된 안식과 영생으로 인도하기에 가볍기 때문이다.

"나는 마음이 온유하고 겸손하니 나의 멍에를 메고 내게 배우라 그리하면 너희 마음이 쉼을 얻으리니" (29절)

마태복음 12장

누가 내 어머니이며 내 동생들이냐

누구든지 하늘에 계신 내 아버지의 뜻대로 하는 자가 내 형제요 자매요 어머니이니라 하시더라(12:50)

가정은 사회의 가장 작은 단위이며, 우리가 태어나고 자라나는 곳이다. 그러나 이 땅에서의 가정은 하늘에 있는 진짜 가정의 모형이며 그림자일 뿐이다. 그런 의미에서 예수님은 가족에 대해 새롭게 정의하신다. 영원한 가족은, 혈육이 아니라 '하나님 아버지의 뜻대로 하는 자들' 이라는 것이다.

그렇다면 어떻게 하는 것이 하나님 아버지 뜻대로 하는 것인가?

먼저 하나님의 맏아들이신 예수님을 바로 알아야 한다. 아들을 아는 것이 곧 아버지를 아는 것이기 때문이다(11:27). 그런데 바리새인들로 대표되는 대적자들은 예수님께서 표적을 행하셨을 때 귀신의 왕 바알세불을 힘입어 행한다고 주장했다. 이들은 독사(마귀)의 자식들이기에 예수를 하나님의 아들로 인정할 수 없었던 것이다.

한편 이들이 예수님을 알지 못했던 이유는 아직 오순절 성령이 오시기 전이었기 때문이기도 하다. 그러기에 예수님은 '말로 인자(人子)를 거역하면 사하심을 얻을 수 있으나 성령을 거역하면 사하심을 얻지 못한다' 말씀하셨던 것이다(32절). 예수님을 믿지 않는 것이 곧 성령을 거역하는 것이며, 그런 자들은 구원받을 수 없다는 뜻이다.

또한 예수께서 행하신 표적(signs)을 바로 알아야 한다. 예수님께서 기적을 행하신 목적은 자신이 메시아이심을 알리시기 위한 것이었다. 그러나 택함받지 못한 백성들은 예수님이 행하신 초자연적인 현상에만 관심이 있었을 뿐, 그분이 누구신가에는 관심이 없었다. 창세전에 택함받지 못한 백성들 즉 성령을 받지 못한 사람들은 영적인 눈과 귀가 닫혀있어, 이 세상 것들에만 관심이 있기 때문이다.

당신은 마귀의 자녀인가, 하나님의 자녀인가? 하나님의 자녀들은 이 세상에 있는 동안에도 위의 것(하나님 나라)을 찾으며, 아버지 하나님과 예수 그리스도를 알아가는 일에 전력을 다하는데, 그런 삶이 곧 영생이다(요 17:3, 영생은 곧 유일하신 하나님과 그가 보내신 자 예수 그리스도를 아는 것이니이다). 영생은 하나님의 자녀들이 이 세상에서부터 누리는 것이다.

> "그러므로 너희가 그리스도와 함께 다시 살리심을 받았으면 위의 것을 찾으라 거기는 그리스도께서 하나님 우편에 앉아 계시느니라"(골 3:1)

마태복음 13장

천국의 비밀

대답하여 이르시되 천국의 비밀을 아는 것이 너희에게는 허락되었으나 그들에게는 아니되었나니(13:11)

예수님은 비유로 많이 말씀하셨다. 그러면서 비유로 말씀하시는 이유를 '그들이 보아도 보지 못하며 들어도 듣지 못하며 깨닫지 못함이니라' (13절) 하셨다. 하나님께 택함받지 못한 사람들은 귀가 있으나 듣지 못하고 눈이 있으나 보지 못한다는 뜻이다. 한마디로 천국의 비밀을 아는 것은 하나님의 전적인 은혜인 것이다.

먼저 씨 뿌리는 자의 비유를 보자. 여기서 씨는 하나님의 말씀을 의미하는데(눅 8:11), 성경에서 씨(zeh'-rah)는 일반적으로 예수 그리스도를 의미한다. 한편 이 씨는 예수께서 십자가에 달리셨을 때 이미 온 세상에 뿌려졌다. 그리고 택함받은 땅에서는 많은 열매를 맺고, 택함받지 못한 땅에서는 열매를 맺지 않는다. 비록 어떤 땅이 길가 밭, 돌밭 또는 가시떨기 밭이라 할지라도, 그 밭(= 땅 = 사람)이 창세전에 택함받았다면 생명 그 자체인 씨가 그 밭을 갈아엎어 많은 열매를 맺게 할 것이다(요 14:6, ~ 내가 곧 길이요 진리요 생명이니).

이와는 반대로 겉으로 좋은 밭처럼 보이더라도 만약 택함받지 못한 밭이라면 그 밭에서는 아무런 수확을 기대할 수가 없다. 하나님의 계획에 들어있지 않기 때문이다.

한편 이 세상에서 천국은 겨자씨처럼, 누룩처럼 그렇게 눈에 잘 뜨이지 않는다. 그러나 눈에 보이지 않는 누룩이 가루 서 말을 전부 부풀리듯이, 또 가장 작은 씨인 겨자씨가 나중에 온갖 새(이방인들)들이 와서 깃들이는 큰 나무가 되듯이 천국은 지금도 확장되어 가고 있다. 다만 세상 사람들은 예수님이 갑자기 로마를 무너뜨리고 이스라엘을 회복시켜주기를 바랬듯이, 그렇게 눈에 보이는 천국만을 기대하기에 믿지 못하고 깨달을 수가 없는 것이다.

또한 이 세상에서는 좋은 씨(천국의 아들들 = 성도)와 가라지(악한 자의 아들들)가 같이 자라고 있다. 그러나 당장은 그 가라지를 뽑을 수 없는데, 성도들 마음속에도 아직 가라지 같은 악한 뿌리가 남아있기 때문이다. 그러기에 우리는 성령을 힘입어 우리 안에 남아있는 악한 뿌리를 제거하는 일에 힘쓰며, '자기의 소유를 다 팔아' 천국이라는 보화와 진주를 사야 한다. 그럴 때 마지막 수확 때(최후의 심판 때)에 알곡으로 천국 곳간에 넣어지게 될 것이다.

"세상 끝에도 이러하리라 천사들이 와서 의인 중에서 악인을 갈라내어 풀무 불에 던져 넣으리니 거기서 울며 이를 갈리라"(49, 50절)

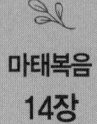

마태복음 14장

생명의 떡 예수

떡 다섯 개와 물고기 두 마리를 가지사 하늘을 우러러 축사하시고 떡을 떼어 무리에게 주니 다들 배불리 먹고 남은 조각을 열두 바구니에 거두었으니(14:19, 20)

먼저 세례 요한이 서른이 갓 넘은 나이에 아무런 큰일도 이루지 못하고 헤롯에게 참수당했다. 그러나 하나님의 사람이란 하나님의 뜻대로 살아내는 사람을 말한다. 그러기에 허무한 삶을 산 것으로 보일 수 있지만, 그는 주의 길을 예비하고, 예수가 바로 그 하나님의 어린양이심을 증거하는 사명을 훌륭하게 완수한 구약의 마지막 선지자였다.

더 나아가 그의 죽음은 예수님의 죽으심과 그를 따르는 자들, 곧 성도들에게 가해질 박해를 미리 보여주고 있는 것이다. 그리고 실제로 이 사건을 계기로 예수님의 사역은 서서히 골고다 언덕의 십자가로 나아간다.

한편 많은 표적을 베풀었음에도 불구하고 예수님에 대한 거부와 거절은 더 심해지는데, 근본적으로 어둠(세상)은 빛(예수)을 싫어하기 때문이다. 그런 와중에서도 예수님은 그들에 대한 자비로운 마음을 잃지 않으시는데(14절), 먹을 것이 없는 무리(남자만 오천 명)에게 오병이어의 기적을 베푸심으로 이들을 먹이신다. 이처럼 성도들 역시 복음을 대적하는 자들에게 긍휼한 마음으로 끝까지 사랑을 베풀어야 한다.

이 표적은 광야에서 이스라엘 백성에게 만나(manna)를 내려주신 것과 같은 표적인데, 만나를 내려주신 목적은 '사람이 떡으로만 사는 것이 아니요 하나님의 입에서 나오는 모든 말씀으로 사는 것' 임을 알려주시기 위한 것이었다. 즉 오병이어로 많은 무리를 먹이신 이 표적은, 종의 모습으로 오셔서 십자가에 달리기까지 낮아지심으로 믿는 자들에게 생명을 주신 예수님이 바로 생명의 떡임을 알려주신 것이다. 그런데 사람들은 이 사실을 알지 못했으며, 더 나아가 자신들의 왕이 되어 육의 양식을 계속 채워주기를 거절한 예수님을 십자가에 못 박았다.

그러므로 소위 믿는다는 우리도 과연 그분에게 지금 무엇을 구하고 있는가를 다시 한번 생각해 봐야 한다. 이 세상에서의 부귀영화인가, 아니면 영생인가?

물론 우리들 역시 베드로처럼 때로는 예수님으로부터 눈을 뗌으로 인해 세상이라는 큰물에 잠시 빠질 수도 있다. 그러나 이럴 때 우리는 좌절하지 말고, 부끄럽지만 큰 소리로 '주여 나를 구원하소서' 하며 주님을 불러야 한다. 그럴 때 주님께서 우리 손을 꼭 붙잡아 주실 것이다.

> "예수께서 이르시되 나는 생명의 떡이니 내게 오는 자는 결코 주리지 아니할 터이요 나를 믿는 자는 영원히 목마르지 아니하리라" (요 6:35)

마태복음 15장

버러지에서 하나님의 자녀로

여자가 이르되 주여 옳소이다마는 개들도 제 주인의 상에서 떨어지는 부스러기를 먹나이다 하니(15:27)

불신자들이 가장 많이 하는 질문은 '왜 하나님은 이스라엘만을 편애하시느냐?'는 것이며, 그래서 그런 불공평한 하나님은 믿을 수 없다고 주장한다.

과연 그럴까? 그렇지 않다. 예수님의 족보에도 4명의 이방 여인(다말, 라합, 룻, 밧세바)이 포함되어 있으며, 이와는 반대로 구약의 이스라엘이라는 나라는 끝내 멸망당하고 말았다.

한편 성경에서 말하는 이스라엘은 곧 예수 그리스도를 믿는 자들을 말하는데, 사실 하나님은 지금도 이들만을 편애하신다. 왜냐하면 창세전에 택한 자기 백성들(진짜 이스라엘)의 믿음을 훈련시키기 위해 천지를 창조하시고, 지금도 운행하고 계시기 때문이다.

그러나 구약의 하나님도 이스라엘뿐만 아니라 이방인을 포함한 온 인류의 하나님이셨으며, 예수님도 당시 개 취급받던 사마리아 여인을 구원하기 위해 일부러 먼 길을 직접 찾아가셨다. 그리고 오늘 본문에서도 같은 목적으로 이방인들의 지역인 두로와 시돈 지방을 찾아가 가나안 여인을 만나셨으며, 데가볼리(헬라인 지역)에서도 칠병이어의 기적을 베풀어 주셨다.

한편 주님은 택한 백성들의 믿음을 굳건히 하길 원하시기에 때론 간구에 대한 응답을 늦추시기도 하고, '개들'이라는 모욕적인 언사를 사용하기도 하셨다.

"대답하여 이르시되 자녀의 떡(복음, 구원)을 취하여 개들에게 던짐이 마땅하지 아니하니라" (26절)

그러나 하나님은 가나안 여인처럼 자신의 비참한 처지를 인정하는 겸손과 하나님 은혜를 받고자하는 간절한 마음이 있는 자들을 반드시 구원하신다.

"심령이 가난한 자는 복이 있나니 천국이 그들의 것임이요" (마 5:3절)

그렇다. 우리들도 원래는 개만도 못한 자들이었다. 오죽했으면 믿음의 조상인 이스라엘을 '버러지 같은 야곱'(사 41:14)이라 부르셨겠는가? 그런데 그런 우리들이 값없는 은혜로 하나님의 자녀가 되는 권세를 얻었다. 그러기에 우리는 어떤 환난과 핍박이 닥친다 할지라도 결코 낙심해서는 안 되며, 구원의 하나님을 찬양하며 끝까지 인내해야 한다. 우리를 택하신 하나님께서 반드시 우리를 그리스도의 장성한 분량이 충만한 데까지 이르게 하실 것이기 때문이다.

"여호와는 살아 계시니 나의 반석을 찬송하며 내 구원의 하나님을 높일지로다" (시 18:46)

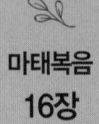

마태복음 16장

너희는 나를 누구라 하느냐

주는 그리스도시요 살아 계신 하나님의 아들이시니이다(16:16)

주님은 온갖 우상들의 본거지이며 심지어 황제를 신(神)으로 섬기고 있는 가이사랴 빌립보에서 제자들에게 '나를 누구라 하느냐' 물으신다. 이는 곧 재물의 신(Mammon)을 섬기며 스스로 왕이 되어 있는 우리를 향한 질문이기도 하다.

이에 12 사도(모든 그리스도인)를 대표하여 베드로가 '주는 그리스도요 살아계신 하나님의 아들'이라 고백한다. 그러나 이 고백은 베드로 스스로 한 것이 아니라 하나님이 은혜를 주셨기에 할 수 있었던 고백이었다(17절). 만약 스스로의 고백이었다면 베드로가 곧바로 예수님을 꾸짖는 사탄(대적하는 자)의 짓을 하지는 않았을 것이기 때문이다. 그러나 이렇게 연약했던 12 제자들은 예수님께서 부활승천하신 후 보내주신 성령을 받은 후 비로소 예수님이 누구신지를 온전히 깨닫고 땅끝까지 복음을 전하게 된다.

과연 우리는 지금 예수를 누구로 고백하고 있는가? 혹시 이스라엘을 로마로부터 해방시키고, 배를 부르게 해줄 정치적, 군사적 메시아로 생각했던 대제사장들과 서기관들처럼 오해하고 있지는 않은가? 이들은 예수님께서 자신들의 정욕을 채워주지 않자 끝내 그분을 십자가에 못 박고 말았다.

그렇다. 실제로 예수님은 하나님의 아들 곧 하나님이시며, 메시아 즉 우리를 구원할 그리스도이시다. 그러나 예수님은 이 사실을 '아무에게도 알리지 말라'명하셨는데(20절), 이는 그리스도에 대한 오해를 피하기 위한 것이었다. 왜냐하면 그때까지 많은 사람들이 그리스도를 단지 예수께서 지금까지 하셨던 것처럼 병자들을 고치고 죽은 자를 살리며 배고픈 자들을 먹이시는 분으로만 오해하고 있었기 때문이다. 그러나 이런 그들의 생각과 달리 예수님은 우리를 죄와 사망에서 구원하기 위해 이 땅에 오셨는데, 이 일은 오직 그분의 십자가로만 이루어질 수 있다.

한편 모든 그리스도인들은 작은 예수로서, 예수를 '그리스도요 하나님의 아들'로 고백할 뿐 아니라 예수님께서 가신 길을 좇아가도록, 즉 원수를 위해 십자가를 지는 자리로 부름받은 자들이다. 그러기에 우리는 우리 인생의 주인(Lord)이 예수님이심을 인정하고, 내 뜻이나 계획을 이루기 위해 그분을 이용하는 것이 아니라 그분의 말씀에 순종해야 한다. 그리고 예수님이 자신의 뜻이 아니라 하나님 아버지 뜻을 따라 십자가 지신 것처럼, 먼저 자신을 부인해야 한다. 그렇게 자신과 죄에 대하여 죽은 자들만이 부활하여 영생을 누리게 될 것이다.

"이에 예수께서 제자들에게 이르시되 누구든지 나를 따라오려거든 자기를 부인하고 자기 십자가를 지고 나를 따를 것이니라" (마 16:24)

마태복음 17장

너희는 그의 말을 들으라

이는 내 사랑하는 아들이요 내 기뻐하는 자니 너희는 그의 말을 들으라 하시는지라(17:5)

제자들을 대표한 베드로가 '주는 그리스도요 살아계신 하나님의 아들'이라 고백했다. 그러나 곧이어 예수께서 '고난을 받고 죽임을 당할 것'(16:21)을 말씀하시자 제자들은 매우 당황해한다. 오늘날 많은 사람들이 '하나님이 어떻게 십자가에 달려 죽을 수 있느냐?' 며 믿지 않는 것과 마찬가지였던 것이다.

그러자 예수께서는 베드로, 요한, 야고보와 함께 헐몬산에 올라가 변형되심으로써 다시 한번 자신이 하나님의 아들이심을 보여주신다(2절). 그때 모세(율법의 대표)와 엘리야(선지자의 대표)가 예수님과 함께 있었는데, 이는 예수님이야말로 율법과 선지자의 완성으로 오신 분임을 선포하는 것이다(행 28:23, 롬 3:21). 동시에 모세가 예언한 '나와 같은 선지자'(신 18:15)가 바로 예수님이시며, 여호와께서 '두려운 날이 이르기 전에 보내리라' 약속하신 선지자가 세례 요한이었음을 알려주심으로(13절) 예수님이 바로 구약에서 약속한 메시아이심을 다시 한번 증거하고 있는 것이다.

그러나 아직도 메시아에 대해 오해하고 있는 베드로는 '이곳에 초막 셋을 짓자' 하는데, 이에 하나님은 '그(예수)의 말을 들으라' 명하신다. 너희가 해야 할 일은 메시아 예수를 통해 하시는 하나님의 말씀을 듣고, 그 말씀에 순종하는 것뿐이라는 뜻이다.

한편 이때 산 아래에서는 제자들이 귀신들린 아이를 고치려 애쓰고 있었다. 이들은 얼마 전에 파송 받았을 때 귀신을 쫓아내고 병자를 고친 경험이 있었기에 이번에도 쉽게 고칠 수 있으리라 착각했던 것이다. 이에 예수님은 그 아이를 고쳐주시면서 제자들이 치료하지 못한 이유를 '믿음이 적은 까닭'이라 말씀하신다. 참된 믿음이란, 내가 무엇을 할 수 있다고 생각하는 것이 아니라 주님을 전적으로 의지하는 것이기 때문이다.

그렇다. 참된 믿음이란 그분의 능력을 구하는 것이 아니라 그분의 말씀을 듣는 것 곧 그분의 뜻에 순종하는 것이다. 성도들은 다만 그분의 뜻을 이루는 도구요 통로일 뿐이며, 능력 또한 내게 있는 것이 아니라 그분께 있기 때문이다.

그러므로 우리는 내 계획이나 뜻을 이루기 위해 하나님의 힘을 이용하려 하지 말고, 우리 자신을 하나님의 뜻을 이루는 통로로 내어드려야 한다. 그리고 혹시 내 소원대로 이루어지지 않더라도 주님께서 주신 결과가 가장 선한 것임을 인정하고 그분을 찬양해야 한다.

"그를 향하여 우리가 가진 바 담대함이 이것이니 그의 뜻대로 무엇을 구하면 들으심이라" (요일 5:14)

마태복음 18장

천국에서 큰 사람

그러므로 누구든지 이 어린아이와 같이 자기를 낮추는 사람이 천국에서 큰 자이니라(18:4)

예수님께서는 계속해서 자신의 죽음을 말씀하시는데, 아직 성령을 받지 못한 제자들은 '누가 더 크냐?'에만 관심이 있었다(1절).

그러자 예수님께서는 어린아이 하나를 그들 가운데 세우시고 '이 어린아이와 같이 자기를 낮추는 사람이 큰 자'라 말씀하신다. 천국의 삶의 원리는 이 세상의 삶의 원리와는 정반대라는 선언이다.

오늘도 세상 사람들은 남들보다 더 커지고 높아지고 그들 위에 군림하기 위해 밤낮으로 경쟁한다. 물론 선의의 경쟁을 통해 사회가 발전하는 측면이 있기는 하다. 그러나 이런 무한 경쟁 사회는 결국 함께 멸망할 수밖에 없다. 그러기에 주님은 경쟁하기보다는 '겸손하라' 말씀하시는 것이며, 스스로 겸손의 본을 보이셨다. 만왕의 왕께서 가장 낮은 자리에 오셔서 십자가를 지기까지 낮아지셨던 것이다.

> "그는 근본 하나님의 본체시나 하나님과 동등됨을 취할 것으로 여기지 아니하시고 오히려 자기를 비워 종의 형체를 가지사 사람들과 같이 되셨고"(빌 2:6, 7)

그리고 최후의 만찬 석상에서는 가장 낮은 종이 되셔서 제자들의 발을 직접 닦아주셨던 것이다.

그러므로 우리는 교회 안에서 남들과 경쟁하며 실족케 하기보다는 그들을 올바로 세우는 데 최선을 다해야 한다. 왜냐하면 주님께서는 지극히 작은 자 하나라도 잃는 것을 원치 않으시기 때문이다(12~14절). 그러므로 혹시 지체 중 하나가 실족하거나 죄를 범했을 때, 우리는 그를 용서하고 조용히 만나 주님의 사랑으로 권면해야 한다. 왜냐하면 우리야말로 일만 달란트 빚진 자처럼 도저히 갚을 수 없는 빚을 탕감받은 죄인들이기 때문이다.

주님은 '너희가 형제를 용서하지 아니하면 하늘 아버지께서도 너희를 용서하지 않으리라' 말씀하신다(35절). 그렇다고 억지로 하거나 의무적으로 용서하라는 말씀이 아니다. 자신이 용서받을 수 없는 자리에서 용서받은 자라는 자각이 있는 사람에게서는 용서가 '마음으로부터' 자동적으로 나올 수밖에 없다는 말씀인 것이다.

사도 바울의 고백처럼 우리는 지극히 작은 자, 죄인 중에 괴수(딤전 1:15)이며, 주님의 은혜가 아니었으면 지옥불에 떨어져 영원히 고통받을 자들이었다. 그런 우리가 전적인 주님의 은혜로 구원을 받았다. 그러므로 이제 우리는 이 사실을 마음 깊이 새기고, 주님이 두신 자리에서 이웃을 용서하고 스스로 낮아져 겸손히 섬기며, 주님의 자비와 사랑을 전하는 통로로서의 삶을 살아가야 한다.

"이와 같이 이 작은 자 중의 하나라도 잃는 것은 하늘에 계신 너희 아버지의 뜻이 아니니라"(14절)

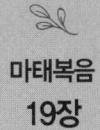

마태복음 19장

어떻게 영생을 얻을 수 있는가

어떤 사람이 주께 와서 이르되 선생님이여 내가 무슨 선한 일을 하여야 영생을 얻으리이까(19:16)

인간은 누구나 영생(永生)을 얻기 원한다. 다른 말로 천국에 가고 싶어 한다. 어떻게 하면 천국에 갈 수 있는가?

결론적으로 인간의 힘으로는 그 누구도 갈 수 없다. 대통령, 돈 많은 재벌, 대학 교수 그 누구라도 스스로의 힘으로는 갈 수가 없다. 왜냐하면 인간은 모두 죄인이기 때문이다.

한 부자 관리가 예수께 나아와 '무슨 선한 일을 해야 영생을 얻을 수 있는가?' 묻는다. 아니, 물었다기보다는 자신은 영생을 얻을 만한 자격이 있다는 것을 확인받고 싶었는데, 자신은 하나님께 복을 받아 이미 부자이며, 모든 계명을 다 지켰다는 것이다.

그러자 예수님은 '네 재산을 다 팔아 가난한 자에게 주고 나를 따르라' 말씀하신다. '너는 지금 영생을 얻고 싶다고 하면서 생명 자체인 나(예수)보다 재산을 더 중히 여기는구나' 책망하고 계신 것이다. 결국 예수님 예상대로 이 부자는 예수님 대신 자기 힘(재산, 권력, 율법 지킴 등)을 의지하기로 결정하고 떠난다. 영생을 얻겠다는 말은 거짓이었던 것이다.

그러자 제자들은 매우 놀란다. 왜냐하면 당시 부자는 하나님께 복을 받은 자로 여겨졌는데, 예수님께서 '부자가 천국에 들어가기가 낙타가 바늘귀로 들어가는 것보다 어렵다' 말씀하셨기 때문이다.

그렇다. 인간의 힘으로 영생(구원)을 얻을 수 있는 방법은 없다. 천국은 오직 은혜를 입은 자 즉 어린아이처럼 단순하고 스스로 아무것도 할 수 없음을 인정하고, 전적으로 하나님만 믿고 의지하는 자들의 것이기 때문이다(14절).

당신은 지금 누구를 의지하며 바라보고 있는가? 재물로 대표되는 세상의 힘인가, 아니면 연한 순으로 이 땅에 오셔서 십자가 지신 예수 그리스도인가? 오직 예수 그리스도만을 믿는 자들만이 구원(영생)을 얻을 수 있을 뿐이다.

"제자들이 듣고 몹시 놀라 이르되 그렇다면 누가 구원을 얻을 수 있으리이까 예수께서 그들을 보시며 이르시되 사람으로는 할 수 없으나 하나님으로서는 다 하실 수 있느니라"(25, 26절)

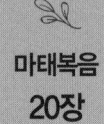

마태복음 20장

공로인가 은혜인가

이와 같이 나중 된 자로서 먼저 되고 먼저 된 자로서 나중 되리라(20:16)

선악과를 먹은 모든 인간은 스스로 왕과 주인으로 살아간다. 그 결과 모든 것을 자신의 공로로 치부하며, 심지어 구원까지도 자신의 힘으로 쟁취할 수 있다고 생각한다. 그래서 소위 40일 금식기도, 백일기도, 삼천 배(三千拜), 심지어 자식을 우상에게 바치는 인신공양까지 자행하는데, 이런 행위들은 자기 공로에 대한 대가를 바라는 것들로, 모든 종교에서 공통적으로 나타난다.

성령을 받기 전의 제자들의 모습도 이와 다르지 않았는데, 제자들의 대표격인 베드로는 '우리가 모든 것을 버리고 주를 따랐는데 무엇을 얻으리이까' (19:27) 묻는다. 주님께서 이 질문에 대한 대답으로 주신 비유가, '포도원 품꾼들' 이다.

포도원 주인은 이른 아침부터 나가 하루 종일 품꾼을 들여보내는데, 심지어 일할 시간이 한 시간밖에 남지 않은 제십일시에도 들여보내신다. 그리고는 모든 품꾼에게 한 데나리온씩을 주신다.

한편 일한 대로 대우받는 데 익숙한 품꾼들은 이와 같은 동일한 대우에 분개하며 주인을 원망한다. 주인은 원래 계약한대로 지불했음에도 이들은 상대적으로 적게 받은 것처럼 느꼈기 때문이다. 어쩌면 이는 힘의 원리, 공로의 원리로 돌아가는 세상의 논리로는 당연한 반응인지도 모른다.

그러나 주인은 단호하게 말한다. '네 것이나 가지고 가라 나중에 온 이 사람에게 너와 같이 주는 것이 내 뜻이니라' (14절). 그러면서 '나중 된 자로서 먼저 되고 먼저 된 자로서 나중되리라' (16절) 말씀하신다.

그렇다. 온 세상의 주인이신 하나님은 누구에게나 구원이라는 선물을 주시길 원하시는 자비로운 분이시다. 그러기에 새벽 일찍부터 저녁 늦게까지 기다리시는 것이다.

그러나 이런 하나님의 선물을 거부하는 자들이 있으니, 바로 먼저 된 자라고 생각하는 자들이다. 그들은 마치 자신들에게는 대가(구원)를 받을 자격이 있다고 생각하는 자들이기 때문이다.

아니다. 인간은 모두 죄인이기에 구원받을 만한 자격이 있는 자는 하나도 없다(롬 3:10). 한편 자신이 구원받을 자격이 없음에도 불구하고 구원받았다는 사실을 깨닫고 경험한 자(늦게 온 자)는 그 은혜에 감사할 수밖에 없다. 이와 달리 스스로 의롭다 생각하는 자(일찍 온 자)들은 그 은혜를 알지 못하기에, 어린양의 혼인잔치에 들어가지 못하고 문밖에서 이를 갈게 되는 것이다.

지금 자신을 누구라 생각하고 있는가? 나는 남보다 뛰어난 자, 대가를 받을 만한 자라고 생각하는가, 아니면 낮은 자, 자격이 없는 자라고 생각하는가? 하나님 나라의 삶의 원리는 나중 된 자가 처음이 되는 원리, 즉 이 세상의 삶의 원리(힘의 원리)와는 정반대이다.

> "너희는 그 은혜에 의하여 믿음으로 말미암아 구원을 받았으니 이것은 너희에게서 난 것이 아니요 하나님의 선물이라 행위에서 난 것이 아니니 이는 누구든지 자랑하지 못하게 함이라" (엡 2:8, 9)

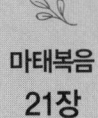

마태복음 21장

강도의 소굴

그들에게 이르시되 기록된바 내 집은 기도하는 집이라 일컬음을 받으리라 하였거늘 너희는 강도의 소굴을 만드는도다 하시니라(21:13)

이제 예수님께서는 공생애의 마지막 길이 될 예루살렘으로 올라가신다. 이를 통해 우리는, 다른 제물들과 달리 예수님은 자원하여 희생 제물이 되셨음을 알 수 있다.

예루살렘에 들어가 가장 먼저 하신 일은 인본주의, 율법주의의 상징이었던 성전을 뒤엎으신 일이었다. 원래의 목적을 잃어버린 성전은 더 이상 존재할 가치가 없으며, 이제 참성전이신 예수께서 오셨기에 그림자로서의 성전의 사명은 끝났기 때문이다.

물론 성전 및 성전 제사는 처음부터 예수 그리스도와 그분의 사역을 예표한 것이었기에, 때가 되면 마땅히 사라져야 했다. 그러나 그곳에서 벌어지는 일 자체로도 성전과 그곳에서 드려지던 제사는 사라져야 했는데, 기도의 집(하나님과 성도 간의 교제)이어야 할 성전이 강도의 소굴이 되어있었기 때문이다(렘 7:11).

강도란 자신의 이익을 위해 남의 것을 힘으로 빼앗는 자들을 말한다. 한마디로 당시 바리새인과 제사장들로 대표되는 유대인들은 율법의 기본적인 정신인 긍휼과 인자와 사랑을 버리고, 성전으로 대표되는 종교 의식을 통해 자신의 배만 채우고 있었던 것이다.

오늘날 우리는 예배당(구약의 성전)에 모여 왜 예배를 드리며, 어떤 예배를 드리고 있는가? 과연 예수님 당시의 유대인들과 다른 예배를 드리고 있는가? 혹시 하나님 사랑과 이웃 사랑을 잃어버리고, 그저 내가 원하는 것을 얻기 위해 헛된 종교적 열심을 보이고 있지는 않은가?

성전을 청결(파괴)케 하신 예수님께서는 곧이어 애꿎은(?) 무화과나무를 저주하셨는데, 그 결과 그 나무는 곧 말라서 죽고 만다. 무화과는 당시 이스라엘 백성들(유대인)을 상징했기에, 예수님은 이 사건을 통해 하나님께서 바라시는 열매(사랑)를 맺지 못하는 자들은 곧 영원한 죽음에 처해질 것임을 경고하신 것이다.

이 세상에는 자기와의 싸움에서 완전히 승리한 사람은 없다(롬 3:10). 그러기에 성도들 역시 무화과나무처럼 저주받아 지옥불에 떨어져야 마땅하다. 그러나 예수께서 무화과나무가 되셔서 그 모든 저주를 우리 대신 받아주셨다(십자가). 그러기에 우리는 이미 은혜로, 믿음으로 의롭게 된 자로서 주님이 원하시는 열매를 맺도록 매일 치열한 싸움을 해야 한다. 그러면 이 싸움은 예수님께서 이미 승리한 싸움이기에, 우리는 반드시 승리하게 될 것이다.

"그러므로 나의 사랑하는 자들아 너희가 나 있을 때뿐 아니라 더욱 지금 나 없을 때에도 항상 복종하여 두렵고 떨림으로 너희 구원을 이루라" (빌 2:12)

마태복음 22장

천국, 아들을 위해 혼인 잔치를 베푼 어떤 임금

종들이 길에 나가 악한 자나 선한 자나 만나는 대로 모두 데려오니 혼인 잔치에 손님들이 가득한지라(22:10)

예수님은 천국을 겨자씨, 누룩, 그물 등에 비유하셨는데, 오늘은 아들을 위해 혼인 잔치를 베푸는 임금에 비유하신다. 이런 면에서 천국은 어떤 장소의 개념이라기보다는 '어떤 상태'임을 알 수 있다.

먼저 임금은 많은 사람을 초청한다. 하나님은 모든 것에 풍성하신 분이시기 때문이다. 문제는 그 초청에 응하는 사람, 즉 택함을 입은 사람이 많지 않다는 것이다(14절).

왜 그럴까? 먼저 각자 자기 일에 바쁘기 때문이다(5절). 대홍수 때에도 사람들은 먹고 마시고 시집 장가가는 일에 바빴다(24:38). 이스라엘 백성들 역시 애굽 땅에서 하루하루 먹고 살기 바빴으며, 그 일상에 만족하며 살았다. 이처럼 지금도 대부분의 세상 사람들은 일상에 매이거나 그 삶에 만족하기에, 임금(하나님)의 초청에 응하지 않는다. 그것이 곧 사탄의 종노릇임을 알지 못하기 때문이다.

심지어 어떤 자들은 임금이 보낸 종들을 모욕하고 죽인다. 실제로 세상은 하나님께서 보내신 종들인 선지자들을 죽였을 뿐 아니라 예수님(임금의 아들)까지 죽였다.

둘째로 자기 힘으로 이루려 하기 때문이다. 초청받은 사람들이 오지 않자 임금은 종들을 보내 '네거리에 나가 악한 자나 선한 자나 만나는 대로 모두 데려오라' 명하신다. 그 결과 잔치에 손님들이 가득 들어찼는데, 그중 예복을 입지 않은 자가 있었다. 그는 분명히 아주 눈에 띄는 좋은 옷(자기 행위)을 입고 있었음에 틀림없다. 만약 부끄러운 옷을 입고 있었다면 즉시 새 예복으로 갈아입었을 것이기 때문이다. 그 결과 그는 손발이 묶여 어두운 데에 내던져지고 만다(13절).

그렇다. 천국은 자기 옷이 아니라 하나님께서 주신 예수라는 옷을 입어야만 들어갈 수 있는 곳이다. 인간이 아무리 의롭고 훌륭한 옷(자기 행위)을 입어도 거룩하신 하나님 앞에서 그 옷은 더러운 똥 걸레(filthy rags)에 지나지 않기 때문이다(사 64:6).

그러므로 우리는 사람을 외모(밖으로 드러난 행위 포함)로 판단하지 말아야 한다. 그리고 매일 내가 이루겠다는 인본주의와 율법주의의 옷을 벗고, 예수께서 주시는 옷을 입어야 한다(슥 3:5). 그렇게 예수라는 옷을 입고 살아갈 때 사람들은 우리 안에 살아계신 예수님을 보게 될 것이다.

> "내 영혼이 나의 하나님으로 말미암아 즐거워하리니 이는 그가 구원의 옷을 내게 입히시며 공의의 겉옷을 내게 더하심이 신랑이 사모를 쓰며 신부가 자기 보석으로 단장함 같게 하셨음이라" (사 61:10)

마태복음 23장

화 있을진저, 외식하는 자들이여!

화 있을진저 외식하는 서기관들과 바리새인들이여 회칠한 무덤 같으니 겉으로는 아름답게 보이나 그 안에는 죽은 사람의 뼈와 모든 더러운 것이 가득하도다 (23:27)

바리새(Pharisee)는 분리된 자, 구별된 자라는 뜻이다. 그러기에 바리새인들은 율법을 지극히 세심하게 지키면서 불결한 것과 부정한 자들(세상, 이방인들)로부터 분리되어 나온 자들이라고 볼 수 있다. 이는 성도들이 마땅히 추구해야 할 가치가 아니겠는가?

그런데 예수님은 이들에게 '뱀들아 독사의 새끼들아'라고 심한 욕을 하셨다. 왜 이들은 이런 질책을 받을 수밖에 없었던 것일까? 그들은 겉으로는 율법의 세목을 열심히 지켰지만, 더 중요한 율법의 정신을 잃었기 때문이다.

> "너희가 박하와 회향과 근채의 십일조는 드리되 율법의 더 중한 바 정의와 긍휼과 믿음은 버렸도다 그러나 이것도 행하고 저것도 버리지 말아야 할지니라" (23절)

먼저 이들은 남들을 가르치기는 했으나 행하지 않았으며, 남들에게는 무거운 짐을 지우고 정작 자신들은 손가락 하나 움직이지 않았다. 또한 자신을 드러내길 좋아하며 헛된 명성과 남들에게 공경받기를 원했다. 한마디로 회칠한 무덤 같아서 겉은 화려했으나 속은 죽은 사람의 뼈와 모든 더러운 것이 가득했던 것이다.

그러기에 예수님은 이들을 소경이요 외식하는 자들이라 부르셨다. 이들은 율법의 내적인 의인 정의와 긍휼과 믿음을 알지 못한 소경이었으며, 마치 배우처럼 자신의 영광을 위해 겉으로 드러난 행위만을 강조했기 때문이다.

한편 이런 바리새인들로 대표되는 유대인들의 종교적인 열심은 오늘날 교회에도 만연해 있다. 많은 교인들이 교회에서는 거룩을 가장하지만 정작 삶의 현장에서는 오히려 세상 사람들보다 더 이기적으로, 더 세상적으로 살아가고 있기 때문이다.

사람은 외모(겉으로 드러나는 것)를 보지만 하나님은 마음의 중심을 보신다(삼상 16:7). 그러므로 우리는 말씀으로 마음을 정결케 해야 한다. 율법(말씀)이라는 거울을 통해 자신을 보고, 예수의 피로 내 안에 남아있는 죄의 찌꺼기들을 씻어내야 한다. 내가 얼마나 큰 죄인인줄 아는 자가 어찌 겸손하지 않을 수 있으며, 어떻게 남을 비판할 수 있겠는가?

그러나 예수님은 이런 독사의 새끼들을 위해 선지자들과 지혜 있는 자들을 보내셨고, 지금도 보내고 계신다(34절). 주님은 죄는 미워하지만 죄인을 사랑하시기 때문이다. 그러므로 우리는 알량한 자존심과 헛된 종교적 열심을 버리고, 우릴 위해 십자가에 달려 죽으시고 지금도 안타깝게 부르고 계신 주님 앞에 나와야 한다. 주님은 죄인을 부르러 오셨고, 그분께 나아가는 것만이 살 수 있는 유일한 길이기 때문이다.

"예루살렘아 예루살렘아 ~ 암탉이 그 새끼를 날개 아래에 모음같이 내가 네 자녀를 모으려 한 일이 몇 번이더냐 그러나 너희가 원하지 아니하였도다"(37절)

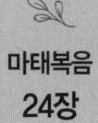

마태복음 24장

항상 준비하고 있으라

너희도 아는 바니 만일 집 주인이 도둑이 어느 시각에 올 줄을 알았더라면 깨어 있어 그 집을 뚫지 못하게 하였으리라 이러므로 너희도 준비하고 있으라 생각하지 않은 때에 인자가 오리라(24:43, 44)

성전과 희생 제사는 예수 그리스도와 그분의 사역의 필요성을 이해하고 그분을 믿으라고 주신 것이었다. 그런데 사람들은 마치 성전에서 드려지는 제사를 통해 스스로 구원을 얻을 수 있는 것으로 오해했다. 성전이 율법주의와 인본주의의 상징이 되어버리고 만 것이다.

그러기에 예수님은 그 성전이 장차 철저히 파괴되리라 말씀하신다. 성전의 실체이신 예수님께서 오셨기에 그림자에 지나지 않는 건물 성전은 없어져야만 했던 것이다. 그리고 실제로 성전은 AD 70년 로마의 Titus 장군에 의해 완전히 파괴되고 말았다.

한편 성전과 예루살렘성의 파괴는 종말에 있을 심판의 예표이다. 하나님을 믿지 않고 하나님 보다 높아진 모든 것들은 장차 완전히 파괴될 것이다(고후 10:5).

이에 제자들은 언제 이런 일이 일어날 것인지를 묻는다. 지금도 많은 성도들이 언제 세상의 종말이 올 것인지 '그때'에 관심을 두고 있는 것처럼 말이다.

그러자 예수님은 '그때는 오직 하나님만 아시기에 너희는 항상 깨어 있으라' 말씀하신다. 그때에 관심을 두지 말고, 항상 다시 오실 주님을 맞을 준비를 하고 있으라는 뜻이다.

지금까지 많은 사람들이 특정한 날을 종말의 날로 주장했지만 한 번도 맞은 적이 없으며, 또 맞을 수도 없다. 그날은 오직 하나님 아버지께서 결정하실 것이기 때문이다. 그러므로 우리는 예상하지 못할 때 오실 주님을 맞기 위해 항상 깨어있어야 한다. 비록 늦어지는 것 같지만, 창세전에 계획하신 마지막 성도의 구원이 완성되는 순간 반드시 오실 것이기 때문이다.

한편 '깨어 있으라'는 뜻은 아무 일도 하지 말고 그날을 기다리라는 뜻이 아니다. 오히려 각자 주님이 두신 자리에서 열심히 살되 다만 세상의 것에 마음을 빼앗기지 말고, 하나님 백성으로서의 삶, 즉 하나님 사랑과 이웃 사랑을 실천하며 살라는 뜻이다. 생계에만 마음을 두지 말고 참된 양식(복음)을 나눠주는 일을 하라는 것이다. 그럴 때 하나님께서 이 땅에서 하나님의 자녀가 되는 데 필요한 훈련을 끝마칠 때까지의 생계를 책임져 주실 것이다.

> "충성되고 지혜 있는 종이 되어 주인에게 그 집 사람들을 맡아 때를 따라 양식을 나눠 줄 자가 누구냐 주인이 올 때에 그 종이 이렇게 하는 것을 보면 그 종이 복이 있으리로다" (45, 46절)

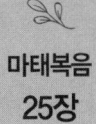

마태복음 25장

최후의 심판, 양과 염소의 구분

인자가 자기 영광으로 모든 천사와 함께 올 때에 자기 영광의 보좌에 앉으리니
~ 양은 그 오른편에 염소는 왼편에 두리라(25:31, 33)

만왕의 왕이신 예수님께서 초림(初臨)하실 때는 연약하고 미천한 모습으로 오셨다(사 53:3 이하). 이는 羊과 염소를 구별하기 위한 것이었는데, 인본주의에 빠져 세상의 힘을 추구하는 염소(가짜 성도, 불신자)들은 구세주를 외모를 보고 판단하기 때문이다. 그러기에 예수님께서 믿는 자들에게는 구원의 반석이지만, 세상의 힘(돈, 권력, 헛된 명예 등)을 좇는 자들에게는 거치는 바위가 된다는 사실을 기억해야 한다(사 8:14, 롬 9:33).

사실 예수님의 재림은 우리 기대와는 달리 늦어지고 있다. 그 결과 믿는다는 자들 중에도 예수님이 아예 오시지 않거나 최소한 자기 생애에는 오시지 않으리라 생각하는 자들도 있다. 이는 큰 착각인데, 주님은 '내가 예기치 않을 때 오리라'라고 여러 번 경고하셨으며, 늦게 오시는 것 자체가 양과 염소를 갈라내는 방법이기 때문이다.

한편 현명한 처녀들은 언제 오실지 모르는 신랑(예수님)을 만나기 위해 불편하기도 하고 미련하게 보일 수 있음에도 항상 기름을 준비하고 있다. 그 결과 그들은 한밤중에 갑자기 오시는 예수님과 함께 천국의 혼인 잔치에 들어갈 수 있는 것이다. 여기서 현명한 처녀들이 가지고 있는 그 기름은, 이 세상에서는 별로 도움이 되지 않거나 결코 남에게 빌릴 수 없는 것들인 믿음과 거룩 같은 것들이다. 그러기에 세상에 빠져있는 가짜들은 준비할 필요를 느끼지 못했던 것이다.

어쨌든 주님은 예기치 않은 때에 반드시 다시 오실 것이다. 그리고 이런 사실을 아는 지극히 작은 자들(羊)은 자신을 구원해주신 주님의 은혜가 너무 감사해, 이 세상에서 지극히 작은 자로 살아가는 이웃들에게 마음속으로부터 흘러나오는 사랑을 베풀게 되어 있다.

한편 세상의 원리, 즉 힘의 원리대로 사는 사람들(염소)도 이웃에게 자비를 베푼다. 그런데 문제는 분명히 행함이 있었음에도 하나님께서는 이런 그들의 행함을 전혀 인정하지 않으신다는 것이다(43절). 왜냐하면 그들의 행함은 또 다른 세상의 힘인 명성을 얻기 위해 한 것이기 때문인데, 이런 사실은 그들이 자신의 행함을 일일이 기억하고 있었음에서 알 수 있다(44절).

주님의 다시 오심(再臨)은 늦어지고 있다. 그러기에 현명한 처녀들도 잠든 것처럼 보일 수 있다(5절). 그러나 창세전에 택함받은 성도들에게는 성령이 함께하고 계시기에 항상 잠자고 있을 수만은 없다. 그러기에 진짜 성도들은 성령을 근심시키지 말고 항상 말씀과 기도로 깨어 있어, 말씀이신 주님께 순종하는 삶을 살아내야 한다. 그럴 때 열매는 자연스레 열리게 되고, 다시 오신 주님이 '잘하였도다' 칭찬해 주실 것이다.

"그 주인이 이르되 잘하였도다 착하고 충성된 종아 네가 적은 일에 충성하였으매 내가 많은 것을 네게 맡기리니 네 주인의 즐거움에 참여할지어다 하고" (21절)

> **마태복음 26장**

아버지의 원(願)대로 하옵소서

얼굴을 땅에 대시고 엎드려 기도하여 이르시되 내 아버지여 이 잔을 내게서 지나가게 하옵소서 그러나 나의 원대로 마시옵고 아버지의 원대로 하옵소서(26:39)

예수께서는 자기의 때(kairos) 즉 죽으실 때가 된 줄 아시고, 제자들에게 다시 한번 말씀하신다. 그러나 육신적으로 피곤하고 아직 영적으로 어두운 이들은 이 말씀의 뜻을 알지 못한다.

이때 한 여자가 옥합에 담긴 귀한 향유 한 병을 가져와 이를 깨서 예수님의 머리에 붓는다. 어쩌면 자신의 전 재산일 수도 있는 귀한 가보를 허비(?)한 것이다. 그러기에 이 장면들을 본 제자들은 '이것을 비싼 값에 팔아 가난한 자들에게 줄 수 있었겠다' 라고 흥분한다. 이들은 지금 이 여인이 예수님의 장례를 준비하고, 또 기름 부음을 통해 예수님께서 만왕의 왕이심을 선포하고 있음을 알지 못했던 것이다.

그렇다. 우리를 죄와 사망에서 건지기 위해 이 땅에 오신 예수님께 드리는 것은 전혀 아까운 것이 아니다. 사실 이 세상의 모든 것이 예수님의 것이며, 천하를 다 줘도 목숨(참된 생명)을 살 수 없는데, 그 귀한 생명을 그분이 주셨기 때문이다.

> "만일 온 천하를 얻고도 제 목숨을 잃으면 무엇이 유익하리오 사람이 무엇을 주고 제 목숨과 바꾸겠느냐" (16:26)

한편 이렇게 남을 위해 자기 생명을 내어놓는 것은 참으로 쉽지 않은 일이다. 참하나님이시며 동시에 참인간이신 예수님께도 이 일은 결코 쉬운 일이 아니었다. 그러기에 예수님은 '이 잔(십자가)을 피하게 해 달라' 라고 피가 땀이 되도록 세 번씩이나 아버지께 기도하신다(36~46절). 그러나 성부의 대답은 "No" 였다. 죄 없으신 예수님의 죽으심 없이는 성도들이 결코 죄와 사망에서 해방될 수 없기 때문이다.

그러기에 때로 기도가 바라는 대로 응답되지 않는다 할지라도 우리는 결코 실망해서는 안 된다. 주님께서 지금 가장 선한 길로 인도하고 계신 것이기 때문이다.

또한 기도는 내 뜻을 관철시켜 내가 원하는 것을 획득하는 것이 아니라, 내 뜻을 버리고 마침내 주님의 뜻을 따르는 것임을 알아야 한다. 이는 곧 자기 부인(self denial)을 의미하는데, 이는 십자가를 지는 것만큼이나 어려운 일이다(막 8:34). 그럼에도 우리는 그 길을 가야만 하는데, 믿음생활의 결국은 선악과를 따먹고 스스로 왕 되고자 하는 자리에서 내려와 예수님처럼 남을 위해 자신을 내어놓는 자리까지 가는 것이기 때문이다.

물론 우리 힘으로 이 일을 할 수는 없다. 그러나 지금도 우리 안에 계신 임마누엘 하나님께서 우리를 도우시며, 반드시 그 목적지까지 이끌어 가실 것이다.

> "인자(人子, the Son of Man)가 온 것은 섬김을 받으려 함이 아니라 도리어 섬기려 하고 자기 목숨을 많은 사람의 대속물로 주려 함이니라" (20:28)

마태복음 27장

누구를 택할 것인가? 예수냐 바라바냐

그들이 모였을 때에 빌라도가 물어 이르되 너희는 내가 누구를 너희에게 놓아 주기를 원하느냐 바라바냐 그리스도라 하는 예수냐 하니(27:17)

예수에게 신성 모독죄(blasphemy)를 뒤집어씌운 대제사장 무리들은 그를 죽이기 위해 로마 총독 빌라도에게 넘긴다. 그러나 그에게서 아무런 죄를 찾지 못한 빌라도는 예수를 석방할 요량으로 절기마다 죄수 하나를 놓아주는 관례에 따라 '예수와 바라바 중 하나를 택하라' 제시한다. 그런데 놀랍게도 군중들의 선택은 죄 없는 예수님이 아니라 중죄인인 바라바였다.

당시 '예수 바라바'로도 알려진 바라바는 로마로부터의 독립을 위해 민란과 살인을 일삼은 죄인이었다(눅 23:19). 그러기에 그는 당시 감옥에 갇혀 있었으며 죽임당해 마땅한 자였다.

한편 또 다른 예수(자기 백성을 죄에서 구원할 자)가 있었으니 그는 능력이 있었음에도 불구하고 폭력을 거부했으며, 오히려 무기력하게 그 폭력에 붙잡혀 있었다.

그런데 세상의 힘을 휘두르던 죄인 바라바(Barabbas)가 힘없는 예수님으로 인해 생명을 얻게 되는 일이 벌어진 것이다.

지금도 많은 개혁가들이 이 세상을 좀 더 살기 좋은 곳으로 만들겠다고 바라바처럼 활동하고 있으며, 이 일에 교회까지도 뛰어들고 있다. 예수님이 이런 우리들의 모습을 보시면 뭐라고 말씀하실까?

세상이 이처럼 어지럽고 악과 불법이 횡행하는 이유는 인간이 죄로 인해 타락했기 때문이다. 그러기에 이 죄의 문제를 해결하지 않고는 우리가 꿈꾸는 Utopia(어느 곳에도 없는 장소)는 올 수가 없다. 한마디로 예수님을 죽인 것은 결국 유대인으로 대표되는 '우리의 죄'인 것이다.

그렇다. 오늘도 우리는 바라바처럼 자신을 위해 마음과 행동으로 남의 것들을 약탈하며, 수없이 많은 이웃을 죽이고 있다. 그러기에 우리 모두는 하나님의 무서운 진노를 받고 영원히 지옥불에 떨어져 살아야 할 자들이다. 그런데 예수께서 우리 대신 그 모든 진노를 받으신 결과, 바라바처럼 우리가 살아난 것이다.

지금도 소위 믿는다는 우리 앞에 두 사람의 예수(구세주)가 있는데, 우리는 그중 하나를 택해야 한다. 이 세상에서 우리의 문제를 해결해줄 힘을 가진 바라바 같은 메시아인가, 아니면 아무 힘이 없어 보이지만 우리를 영원한 죄와 사망에서 건져주실 메시아인가?

이 선택이 우리가 양인지 염소인지 그리고 영생을 살게 될 것인가 아니면 영벌을 받을 것인가를 결정하게 될 것이다.

> "그가 찔림은 우리의 허물 때문이요 그가 상함은 우리의 죄악 때문이라 그가 징계를 받으므로 우리는 평화를 누리고 그가 채찍에 맞으므로 우리는 나음을 받았도다"(사 53:5)

마태복음 28장

갈릴리로 가라

이에 예수께서 이르시되 무서워하지 말라 가서 내 형제들에게 갈릴리로 가라 하라 거기서 나를 보리라 하시니라 (28:10)

예수님께서 십자가에 못 박히신 후 맞는 첫 번째 안식일은 매우 조용하게 지나가는 것 같았다. 그러나 그 기간은 역사가 바뀌는 기간이었다. 사망을 무기로 하는 사탄의 시대가 끝나고 은혜의 시대의 도래를 기다리는 시간이었던 것이다.

그리고 안식 후 첫날 천지가 개벽하는 사건이 벌어졌다. 예수를 가두고 있던 무덤 문이 열렸던 것이다. 예수께서 어둠의 사망권세를 이기고 부활하신 것이다. 할렐루야!

무덤을 찾아왔던 두 여인을 일부러 찾아가신 예수님은 '내 형제들에게 갈릴리로 가라고 하라' 명하신다. 왜 하필이면 갈릴리로 가라 하셨을까?

먼저 갈릴리는 장소적으로 예수님께서 주로 활동하시던 지역이며, 여러 제자들의 출신지이기도 하다. 그러나 그런 장소적인 의미보다 더 중요한 이유는 갈릴리는 예부터 가장 천대받던 지역이었으며(사 9:1), 예수님은 그들의 친구가 되기 위해 이 땅에 오셨기 때문이다.

> "스불론 땅과 납달리 땅과 요단강 저편 해변 길과 이방의 갈릴리여 흑암에 앉은 백성이 큰 빛을 보았고 사망의 땅과 그늘에 앉은 자들에게 빛이 비치었도다" (4:15, 16)

그렇다. 예수님은 갈릴리 지방처럼 죄로 인해 흑암에 있던 우리, 사망의 종노릇 하던 우리를 구원하기 위해 오셨으며, 음부에까지 내려가셨다. 그러기에 예수님은 제자들에게 '갈릴리로 가라' 명령하고 계신 것이다.

그런데 그 예수님의 명령을 받은 오늘날의 교회는 어떠한가? 과연 낮아져 있는가, 과연 낮은 데를 찾아가고 있는가? 유감스럽게도 전혀 아닌 것 같다. 오늘날의 교회는 자기 이익을 얻기 위해 종교행위에 열중하는 도둑의 소굴이며, 낮은 자들은 기가 죽어 감히 접근할 수 없을 정도로 너무도 화려하고 거룩해 보인다.

어쩌면 솔로몬이 지은 성전보다도 오늘날의 교회 건물이 더 화려하고, 성도들이 바리새인들보다도 더 거룩해 보이지는 않는가? 다들 이렇게 화려하고 거룩한데, 만약 예수님이 초라한 갈릴리 어부의 모습이나 지친 목수의 모습으로 오신다면, 과연 우리는 그 예수를 인정하고 받아들일 수 있을까?

주님은 이 낮고 낮은 땅에 갈릴리 사람으로 오셨고, 또 갈릴리 사람으로 사셨다. 그리고 우리에게 '갈릴리로 가라' 명령하신다. 그리고 그 명령에 순종하는 자들만이 마지막 날 양(羊)으로 판명되어, 예수님의 형제로 하나님과 영원히 함께 살게 될 것이다.

> "하늘과 땅의 모든 권세를 내게 주셨으니 그러므로 너희는 가서 모든 민족을 제자로 삼아 아버지와 아들과 성령의 이름으로 세례를 베풀고 내가 너희에게 분부한 모든 것을 가르쳐 지키게 하라 볼지어다 내가 세상 끝날까지 너희와 항상 함께 있으리라" (18~20절)

마가복음
MARK

회개하고 복음을 믿으라

이르시되 때가 찼고 하나님의 나라가 가까이 왔으니 회개하고 복음을 믿으라 하시더라(1:15)

공생애를 시작하신 예수께서 처음 선포한 말씀은 '회개하라'는 것이었다(마 3:2). 한마디로 모든 것이 잘못되었다는 것이다. 그들이 그렇게 열심히 드렸던 성전 제사, 그리고 그렇게 열심히 지키는 척했던 율법 준수도 모두 잘못되었다는 것이다.

예수님보다 6개월 먼저 태어나 주의 길을 준비했던 세례 요한의 삶과 메시지 또한 '회개하라'는 것이었다. 그는 제사장 가문이었음에도 예루살렘이 아닌 광야에서 살았다. 그리고 그의 복장 또한 우상숭배가 만연했던 이스라엘을 무섭게 개혁했던 엘리야의 복장과 같았는데, 이 또한 기존의 모든 종교 체계를 뒤집어엎는 상징적인 행위였던 것이다.

그렇다. 우리가 하나님과 예수님 앞에 섰을 때 가장 먼저 깨닫게 되는 것도 우리가 얼마나 큰 죄인인가 하는 것이다. 자기가 죄로 인해 죽을 자리에 있다는 것을 아는 자만이 구세주를 찾게 되기 때문이다.

그런데 그 죄를 깨닫고 회개하게 하시는 분도 하나님이심을 알아야 한다. 우리는 마치 마른 뼈와 같이 죽은 자였기에 생명의 주인이신 예수께서 먼저 우리를 살려주시지 않으면, 자기가 죽을 자리에 있다는 것을 알 수가 없기 때문이다. 또 우리는 길 잃은 어리석은 양, 잃어버린 양이기에 주인이신 주님이 우리를 찾아오시지 않으면 맹수에 물려죽을 수밖에 없는 것이다.

그러기에 세례 요한은 광야에서 '회개의 세례'를 전파하며 요단강에서 세례를 베풀었다. 세례란 단순히 물로 씻는 것을 넘어 죄와 사망의 종으로 살아왔던 내 옛 사람의 죽음을 의미한다. 출애굽한 이스라엘 백성들이 홍해를 건널

때 애굽(세상)의 종이었던 옛 사람은 이미 그 홍해에 빠져죽은 것이다(고전 10:2, 모세에게 속하여 다 구름과 바다에서 세례를 받고).

한편 죄 없으신 예수님께서도 세례를 받으셨는데, 이는 하나님의 아들이신 분이 우리 인간과 동일하게 되셨다는 것과 우리 죄를 대신해 죽으실 것을 뜻하는 것이다.

> "예수께서 이르시되 내가 마시는 잔을 너희가 마실 수 있으며 내가 받는 세례를 너희가 받을 수 있느냐" (10:38)

그리고 예수께서 세례를 받고 물에서 올라오실 때 하늘이 갈라지고 성령이 비둘기같이 자기에게 내려오심을 보셨다. 이는 하나님과 죄인을 가로막고 있었던 휘장을 친히 찢으셨음과 새 창조가 시작되었음을 알려주는 것이다. 동시에 하늘로부터 '너는 내 사랑하는 아들'이라는 소리가 들렸다. 이는 예수님은 인간으로 오신 하나님의 아들이심을 선언하는 것으로 이제 하나님께서 복음 그 자체이신 예수님을 통해 일하실 것임을 선포한 것이다.

이제 예수에 의해 복음의 새로운 시대가 열렸다. 그리고 구원은 믿음으로 얻는 것이며, 믿음은 들음에서 오는 것이다(롬 10:17). 구원받고 싶은가, 새 사람이 되고 싶은가? 그렇다면 복음 그 자체이신 예수 그리스도를 알고 또 믿어야 한다.

> "하나님의 아들 예수 그리스도의 복음의 시작이라" (1절)

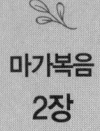

마가복음 2장

죄 사하는 권세를 가지신 人子

그러나 인자가 땅에서 죄를 사하는 권세가 있는 줄을 너희로 알게 하려 하노라 하시고(2:10)

예수께서는 공생애 동안 많은 병자들을 치유하셨다. 그러나 예수님께서 오신 진짜 목적은 죄인들의 죄를 사하기 위해 십자가를 지시는 것이었다. 만약 온갖 병을 고치시는 것이 목적이었다면 그 당시 또는 지금이라도 순식간에 모두 치료해주실 수 있다. 삼위일체 하나님은 전지전능하신 분이시기 때문이다. 그러나 그분은 그렇게 하시지 않으신다.

이런 측면에서 볼 때 예수님께서 병자들을 치유하고, 맹인의 눈을 뜨게 하시고 죽은 자를 살리신 것은 예수의 초림으로 시작되고 재림으로 완성될 새 하늘과 새 땅이 어떤 곳인가를 잠시 보여주신 것이다.

> "모든 눈물을 그 눈에서 닦아 주시니 다시는 사망이 없고 애통하는 것이나 곡하는 것이나 아픈 것이 다시 있지 아니하리니 처음 것들이 다 지나갔음이러라"(계 21:4)

한편 오늘 본문에서 질병은 죄와 관련이 있음을 볼 수 있는데, 예수께서 죄 사함을 선포하셨을 때 중풍병자가 나았기 때문이다. 질병은 죄의 결과로 인간에게 닥친 최악의 결과인 사망의 증상 중 하나인 것이다.

물론 공기오염으로 천식에 걸린 환자처럼 모든 질병이 개인의 특정한 죄 때문에 생긴 것이라고 말할 수는 없다. 그러나 우리는 질병을 단순히 의학적으로만 볼 것이 아니라 영적인 면으로도 접근해야 한다. 환자에게 최선의 의학적 치료를 제공함과 동시에 그의 온전한 회복을 위해 주님께 간구하는 일을 병행해야 하는 것이다.

> "너희 죄를 서로 고백하며 병이 낫기를 위하여 서로 기도하라 의인의 간구는 역사하는 힘이 큼이니라"(약 5:16)

그러나 이렇게 간절한 마음과 믿음으로 나왔던 중풍병자와는 달리 스스로 하나님의 자리에 앉아 의인인 척했던 바리새인들과 서기관들은 미천한 모습으로 오신 예수를 하나님의 아들로 인정하지 않았다. 그 결과 그들은 죄 사함을 선포하시는 예수를 신성모독으로 몰아서 끝내 십자가에 매달았으며, 그런 그들의 거절과 불신앙은 스스로를 멸망의 구렁텅이로 몰아넣고 말았다.

우리는 지금 스스로 죄인임을 처절하게 자각하고 있는가? 이 죄의 문제를 해결하지 않으면 영원히 둘째 사망 즉 지옥 불못에 떨어지게 된다는 것을 아는가? 그렇다면 지금 즉시 죄 사하는 권세를 가진 하나님의 아들 예수께 나아와 그분의 긍휼과 은혜를 구해야 한다. 그럴 때 우리에게 참된 치유가 임할 것이다.

> "건강한 자에게는 의사가 쓸 데 없고 병든 자에게라야 쓸 데 있느니라 나는 의인을 부르러 온 것이 아니요 죄인을 부르러 왔노라 하시니라"(17절)

마가복음 3장

누가 내 모친이며 동생들이냐

대답하시되 누가 내 어머니이며 동생들이냐(3:33)

예수님께서는 수많은 병자들을 고치고 귀신들린 자들을 깨끗게 하신 후에도 자신을 나타내지 말라 명하신다(12절). 왜냐하면 아직 때가 이르지 않았으며, 사람들이 예수님의 사역을 오해할 소지가 많았기 때문이다. 사실 예수님은 십자가에 달리심으로 택하신 자기 백성들을 죄와 사망에서 건지기 위해 오셨으며, 축귀(逐鬼, 귀신을 쫓아냄)나 질병의 치유는 사망의 증세가 사라진 천국을 잠시 보여주신 것일 뿐 그 자체가 목적은 아니었다.

어쨌든 예수님은 12제자를 택하셨다. 함께하심으로 이들이 주님을 배우게 하시고, 이들을 보내사 전도도 하고 귀신을 쫓는 권세를 주시기 위함이었다(14절). 지금도 주님은 말씀(성경)과 성령으로 우리 성도들과 함께 계신다. 그러므로 우리는 그분의 말씀에 순종함으로써 그분을 배우며, 그분이 명하신 일을 해야만 한다.

한편 예수를 대적하는 자들은 예수의 이런 사역이 바알세불(귀신의 왕, 사탄)을 힘입어 행하는 것이라 폄하한다. 그러자 예수님은 '이 악한 일들(온갖 질병과 귀신들림 등)은 사탄에 의해 일어나는 것이다. 그런데 만약 내가 사탄의 힘을 빌려 그런 것들을 치유한다면 이는 사탄이 스스로 자기를 거스르는 일인데, 어찌 그런 일이 일어날 수 있느냐?' 반문하신다.

그렇다. 우리는 원래 사탄의 집(통치 아래)에 있던 세간(소유물)이었다. 스스로는 내 마음대로 생각하고 행동하는 것처럼 보였지만, 실은 사탄의 손아귀에 놀아나고 있었던 것이다. 그런데 사탄보다 더 강한 예수님께서 십자가로 사탄을 결박하신 후 우리를 해방시키고 하나님의 자녀로 삼아주셨다(23~27절).

한편 이때는 아직 성령이 오시기 전이기에 예수의 모친과 형제들도 그를 그저 미친 사람으로 알고, 그를 붙들러 왔다. 이에 사람들이 '당신의 모친과 동생들이 당신을 찾는다' 말하자 '누가 내 모친이며 동생들이냐' 반문하며, 새로운 가족을 선포하신다.

"누구든지 하나님의 뜻대로 행하는 자가 내 형제요 자매요 어머니이니라"(35절)

단순히 혈통이 아니라 하나님께 택함받은 자 즉 하나님의 뜻대로 행하는 자가 예수의 가족이라는 것이다. 실제로 예수님은 모친 마리아와 사도 요한을 어머니와 아들이라는 새로운 가족 관계로 맺어주셨다(요 19:26, 27).

그렇다고 예수님께서 이 세상의 가족 관계를 부정하신 것은 아니다. 먼저 사람이 혼자 사는 것이 좋지 않다 하시고 아담에게 하와라는 배필을 만들어 주셨으며(창 2:18), 생육하고 번성하라고 축복하셨다(창 1:28).

그러나 성도들은 이제 더 이상 좁은 의미의 가족 관계에 묶여서는 안 된다. 우리가 영원히 살 천국에는 아버지 하나님 그리고 신랑이신 예수님과 신부인 성도 이외의 다른 가족관계는 더 이상 없기 때문이다. 그러므로 우리는 혈연이라는 의미에서의 가정을 뛰어넘어 예수의 피로 하나 된 교회라는 가정, 그리고 모든 인류를 위한 가정의 일원이 되어야 한다. 혹시 육신의 부모는 우리를 버릴 수 있을지 모르나 하나님 아버지는 결코 우리를 버리지 않으실 것이기 때문이다.

"여인이 어찌 그 젖 먹는 자식을 잊겠으며 자기 태에서 난 아들을 긍휼히 여기지 않겠느냐 그들은 혹시 잊을지라도 나는 너를 잊지 아니할 것이라"(사 49:15)

마가복음 4장

들을 귀 있는 자들은 들으라

또 이르시되 들을 귀 있는 자는 들으라 하시니라(4:9)

들음(hearing)은 매우 중요하다. 그러기에 유태인들은 지금도 소위 쉐마(the Shema)로 불리는 신명기 6:4~9절을 매일 아침저녁으로 암송한다. 그러나 여기서 듣는다는 말은 단순히 귀로 듣는 것으로 끝나는 것이 아니라, 말씀을 이해하고 그 말씀에 순종하는 것까지를 의미한다.

사도 바울 또한 '믿음은 들음에서 나며 들음은 그리스도의 말씀으로 말미암 았느니라' 라고 말하고 있다(롬 10:17).

오늘 본문에서 예수님께서도 '귀 있는 자는 들으라' 말씀하신다. 씨가 똑같이 뿌려졌는데, 많은 열매를 맺는 땅이 있는가 하면 아무 열매도 맺지 못하는 땅도 있다는 것이다. 똑같이 말씀(씨)을 들었는데, 어떤 사람은 그 말씀을 듣고 순종함으로 더 받게 되고, 어떤 자들은 그 있는 것 까지도 빼앗기게 될 수 있다는 것이다(25절).

그렇다면 어떻게 해야 들을 수 있는 것인가? 청력이 좋아야 하는가, 아니면 공부를 많이 하거나 지위가 높아야 하는가? 아니다. 천국의 비밀은 하나님께서 택하신 자들에게만 들리게 된다. 천국의 비밀은 세상의 원리로는 이해할 수 없는 십자가이기 때문이다. 그러기에 예수님이 십자가에 달려 죽고 부활승천하셔서 성령을 보내주시기까지 12제자들조차 그 비밀을 알지 못했다. 성령을 받기 전에 이들은 누가 더 높으냐를 가지고 서로 다투었으며, 심지어 수제자로 자부했던 베드로는 지레 겁을 먹고 세 번씩이나 예수를 저주하며 부인했던 것이다. 그는 말씀으로 인해 환난이나 핍박이 일어날 때 곧 넘어지는 돌밭이었던 것이다.

그런데 그랬던 그들이 어떻게 담대하게 예수를 선포하고 끝내 순교당하는 자리까지 갈 수 있었는가? 오직 참된 씨(말씀)로 이 땅에 오셔서 십자가를 지신 예수님의 은혜. 그 씨(예수)가 길가 밭, 돌밭 그리고 가시떨기 같은 그들(우리)의 마음밭에 뿌려졌을 때, 많은 열매를 맺는 옥토가 된 것이다.

그러므로 혹시 우리 삶 속에서 선한 열매가 나온다 하더라도 우리는 절대로 자랑해서는 안 된다. 그 모든 것이 내가 스스로 한 것이 아니라 내 안에 계신 예수께서 행하신 것이며, 포도나무이신 예수께서 친히 맺으신 열매이기 때문이다.

그렇다. 우리는 선악과를 따먹은 아담의 후손으로서 도저히 말씀을 들을 수 없었던 자들, 그러기에 아무 열매도 맺을 수 없는 쓸모없는 밭이었다. 그런 밭에 예수라는 씨가 심겨져 옥토가 되었으며, 또한 그 예수를 증거하는 증인(matyr)으로 부름받은 것이다.

그러기에 이제 우리는 입술과 삶을 통해 말씀으로 오신 예수를 선포하며, 작은 예수로서 예수께서 먼저 가신 그 십자가 삶을 살아야 한다. 그럴 때 보이지 않는 겨자씨가 큰 나무로 자라듯이 하나님 나라는 소리 없이 확장되어 나가게 될 것이다.

> "겨자씨 한 알과 같으니 심긴 후에는 자라서 모든 풀보다 커지며 큰 가지를 내나니 공중의 새들이 그 그늘에 깃들일 만큼 되느니라" (31, 32절)

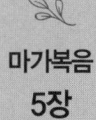

마가복음 5장

예수인가 돼지인가

이에 귀신 들렸던 자가 당한 것과 돼지의 일을 본 자들이 그들에게 알리매 그들이 예수께 그 지방에서 떠나시기를 간구하더라(5:16, 17)

예수님께서는 이방 땅 데가볼리 지방으로 가셨다. 예수님은 유대인뿐만 아니라 모든 민족의 구세주이시기 때문이다.

먼저 거라사인의 지방에서 부정(不淨)의 대명사격인 무덤 사이에 살고 있는 귀신들린 사람을 만나신다. 그 역시 창세전에 택함받은 백성이기에 주님께서 직접 그를 찾아가신 것이다.

한편 이 사람뿐 아니라 예수를 믿지 않는 불신자들은 귀신들린 행위를 실제 하는지의 여부와 관계없이 모두 귀신들린 자들이다. 왜냐하면 모든 사람은 예수를 믿는 하나님의 자녀이거나 마귀(귀신)의 자녀 둘 중의 하나이기 때문이다.

> "너희는 너희 아비 마귀에게서 났으니 너희 아비의 욕심대로 너희도 행하고자 하느니라" (요 8:44)

예수님은 이렇게 처음부터 마귀의 자녀요 세간이었던 우리 죄인들을 마귀에게서 해방시키러 오신 분이다. 그런데 마귀는 영적인 존재로 그 힘이 강력하며 그 수가 군대라고 불릴 정도로 많기 때문에, 그 누구도 통제할 수 없다. 그런데 예수님의 말씀 한마디에 귀신은 곧 쫓겨나고 그 귀신들렸던 사람이 온전하게 된다. 예수님은 하나님의 아들이시며, 마귀의 일을 멸하러 오셨기 때문이다.

> "죄를 짓는 자는 마귀에게 속하나니 마귀는 처음부터 범죄함이라 하나님의 아들이 나타나신 것은 마귀의 일을 멸하려 하심이라" (요일 3:8)

그러자 그 사람에게서 나온 귀신들은 부정한 짐승인 돼지 떼에게 들어가기를 간구하고, 예수께서 이를 허락하시자 그 돼지 떼는 바다에 빠져 몰사한다. 예수님께서 귀신을 멸하시는 분임을 시청각적으로 보여주신 것이다.

한편 귀신들렸던 자가 온전해진 것과 돼지 떼가 몰사한 일에 대해 들은 사람들은 예수께 그 지방에서 떠나주시기를 간구한다. 이들은 세상의 힘(돼지 떼)을 추구하던 자들이었기 때문에, 예수께 나아와 구원을 받기보다는 여전히 귀신의 종으로 살면서 세상의 힘을 유지하고 싶었던 것이다.

지금도 세상 사람들은 눈에 보이지 않는 구원을 얻기 위해 구세주 예수를 믿고 따르기보다는 당장 일상에 도움이 되는 돼지 떼(재물)를 더 믿고 의지하는데, 그것이 곧 귀신들린 상태이다. 그리고 그런 자들의 마지막은 영원한 멸망이다.

나는 지금 눈앞에 보이지만 허상인 돼지 떼를 좇고 있는가, 아니면 눈에 보이지는 않지만 실상(實相)이시며 영생을 주시는 예수를 믿고 있는가?

"믿음은 바라는 것들의 실상이요 보이지 않는 것들의 증거니" (히 11:1)

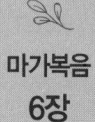

마가복음 6장

내게 예수는 누구인가

이 사람이 마리아의 아들 목수가 아니냐 야고보와 요셉과 시몬의 형제가 아니냐 하고 예수를 배척한지라(6:3)

사람들은 겉으로 드러난 것을 가지고 사람을 판단한다. 그러기에 예수님의 출생과 공생애 이전의 삶에 대해 잘 알고 있는 고향 사람들은 예수를 도무지 믿지 않고 오히려 배척했다. 그런데 이것이 어디 고향 사람들만의 문제이겠는가?

만약 예수께서 황제의 아들로 오셔서 수많은 기적을 베푸셨다면 어떻게 되었을까? 그분은 세상의 영웅이 되었을 것이며, 구름같이 많은 사람들이 그분의 주위에 몰려들었을 것이다. 실제로 콘스탄틴 황제에 의해 기독교가 공인되었을 때 수없이 많은 사람들이 그 황제가 믿는다는(?) 기독교로 개종을 했다. 그들은 예수라는 구세주를 따라 온 것이 아니라 세상의 힘을 좇아 그 힘을 조금이라도 누려보고자 나아왔던 것이다.

그런데 예수님은 황제의 아들이 아니라 가난한 목수의 아들로 오셨다. 만왕의 왕이심에도 불구하고 가장 비천한 종의 모습으로 오셨다. 그 이유는 세상의 힘을 좇는 가짜들과 심령이 가난한 진짜들을 구별하시기 위해서였다. 그리고 이 땅에 사시는 동안 철저히 자신을 숨기시며, 왕 되기를 거부하셨다. 성전에서 뛰어내리라는 사탄의 유혹을 말씀으로 물리치셨으며, 오병이어의 기적을 베푸신 후 자신을 왕 삼으려던 무리들을 피해 산으로 올라가셨던 것이다(요 6:15).

지금도 많은 사람들이 세상의 떡(세상의 힘)을 구하려 교회에 나온다. 참된 믿음은 하나님과 나를 가로막고 있는 것들을 없애고 하나님만을 사랑하는 자로 지어져가는 것인데, 오히려 그 방해물들(돈, 인기, 건강 등)을 얻기 위해 예배당에 출석하고 있는 것이다. 이들은 예수를 구세주가 아니라 함께 자랐던 목수의 아들로만 보고 그분을 배척했던 자들과 다를 바가 없다. 왜냐하면 지금 이들은 예수를 구세주로 믿는 것이 아니라 자신의 배를 채우기 위한 수단과 도구, 곧 우상으로 보고 있는 것이기 때문이다.

메시아 예수님은 우리 배를 채워주기 위해서가 아니라 우리를 죄와 사망에서 구원하시기 위해 오셨다. 그리고 그 방법은 세례 요한이 헤롯의 죄를 책망하다가 목 베임을 당한 것처럼 친히 십자가에 달리시는 것이었다. 세례 요한은 장차 예수님이 어떤 삶을 사실 것인가를 미리 보여준 예표이며 모델이었던 것이다.

전도도 마찬가지다. 열두 제자를 부르신 주님은 이들을 보내시며, 아무것도 가지고 가지 말라 명하신다(8절). 하나님이 택한 백성들은 전도자가 주는 세상의 어떤 것이 아니라 올바른 복음이 선포될 때 그 복음을 받고 주님께 나아오게 되어있기 때문이다.

우리는 과연 예수님을 어떻게 알고 있는가? 내 배를 채워주고 세상의 힘을 주는 수단인가, 아니면 나를 죄와 사망에서 건져주실 구세주인가? 참된 믿음생활은 예수 그리스도를 바로 아는 것이다.

> "영생은 곧 유일하신 참하나님과 그가 보내신 자 예수 그리스도를 아는 것이니이다"(요 17:3)

> "우리가 여호와를 알자 힘써 여호와를 알자 그의 나타나심은 새벽빛같이 어김없나니 땅을 적시는 늦은 비와 같이 우리에게 임하시리라"(호 6:3)

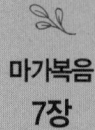

마가복음 7장

에바다(열리라!)

그에게 이르시되 에바다 하시니 이는 열리라는 뜻이라 그의 귀가 열리고 혀가 맺힌 것이 곧 풀려 말이 분명하여졌더라(7:34, 35)

헛된 종교 의식인가, 아니면 하나님의 마음을 아는 것인가? 불행히도 유대인들로 대표되는 인간은 의식(儀式)을 더 따른다. 인간은 모든 일에 있어서 자기가 주인 되어야 하고, 자기를 드러내려는 죄인들이기 때문이다.

그 중에서 하나님의 선민의식이 강했던 유대인들이 특히 심했다. 그들은 구원에 있어 인간의 무능함을 알고 예수 그리스도를 믿으라고 주신 율법을 열심히 지키는 척했는데, 심지어 십계명으로 대표되는 율법을 613가지 항목으로 나누어 지키려 했다. 이들은 사람의 전통을 지키려고 하나님의 계명을 저버렸던 것이다(9절).

> "이 백성이 입술로는 나를 공경하되 마음은 내게서 멀도다 사람의 계명으로 교훈을 삼아 가르치니 나를 헛되이 경배하는도다" (6, 7절; 사 29:13)

이런 맥락에서 바리새인들은 손을 씻지 않고 음식을 먹는 제자들을 비난했다. 그런데, 예수님은 '무엇이든지 밖에서 들어가는 것은 사람(마음)을 더럽게 하지 못하며, 오히려 사람에게서 나오는 것이 사람을 더럽게 한다' 말씀하신다(15, 16절).

> "만물보다 거짓되고 심히 부패한 것은 마음이라 누가 능히 이를 알리요마는" (렘 17:9절)

즉 선악과를 따먹은 인간에게서는 음란, 도둑질, 살인과 같은 온갖 죄악밖에는 나올 것이 없으며, 예수님은 이런 죄의 문제를 해결하러 오신 분임을 선포하신 것이다.

그렇다. 자신이 죄로 인해 죽을 수밖에 없는 개만도 못한 자라는 것을 깨닫고 예수께 나온 수로보니게 여인 같은 사람은 치료(구원)를 받을 수 있다. 그러나 바리새인들처럼 스스로 의로운 척하는 진짜 맹인들은 예수께 나오지 않으며, 결국 천국 문밖에서 이를 갈 수밖에 없게 되는 것이다.

그러기에 귀 먹고 말 더듬는 자를 치유해 주신 예수님은 오늘 우리에게 '에바다(Be opened!)' 소리치신다. 우리가 종교라는 의식에 눈이 멀었고, 사람의 전통(율법주의, 인본주의)에 귀가 막혔다는 사실을 인정하라는 것이다. 주님은 그렇게 스스로 인정하고 주님께 나아오는 자들의 눈과 귀를 열어주시겠다는 것이다.

율법으로는 흠이 없었던 사도 바울은 삶의 마지막에 자신이야말로 죄인 중에 괴수임을 고백했다(딤전 1:15). 우리는 스스로 지렁이만도 못한 존재이며(사 41:14), 죄인 중에 내가 괴수임을 인정하는가? 그렇다면 길이요 진리요 생명이신 주님께서 우리의 영적인 눈과 귀를 열어주시고, 영생을 허락하실 것이다.

> "버러지 같은 너 야곱아, 너희 이스라엘 사람들아 두려워하지 말라 나 여호와가 말하노니 내가 너를 도울 것이라 네 구속자는 이스라엘의 거룩한 이이니라" (사 41:14절)

> "예수께서 이르시되 너희가 맹인이 되었더라면 죄가 없으려니와 본다고 하니 너희 죄가 그대로 있느니라" (요 9:41절)

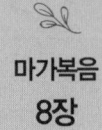

마가복음 8장

주님의 자비와 긍휼

내가 무리를 불쌍히 여기노라 그들이 나와 함께 있은 지 이미 사흘이 지났으나 먹을 것이 없도다(8:2)

예수님은 하나님이시며 하나님은 전지전능하시기에, 그분이 원하시는 것은 무엇이든지 하실 수 있으셨다. 그러나 예수님은 이 땅에 계시는 동안 전혀 그 능력을 사용하지 않고 오직 하나님의 뜻에 따라 그분께서 부어주시는 능력으로만 사셨다. 참인간으로서 성도들에게 하나님이 원하시는 삶의 본을 보여주셔야 했기 때문이다.

> "누구든지 하늘에 계신 내 아버지의 뜻대로 하는 자가 내 형제요 자매요 어머니이니라 하시더라" (마 12:50)

그분께서 행하신 많은 표적 역시 하나님의 사랑과 긍휼을 나타내신 것일 뿐 유대인들이 요구했던 것처럼 그분의 능력을 과시하신 것이 아니다. 왜냐하면 오직 십자가야말로 죄와 사망을 이기시는 그분의 진짜 능력이기 때문이다. 그러기에 십자가를 지기 전에 예수님은 계속해서 '기적들을 알리지 말라' 명하셨던 것이다.

그러나 문제는 하나님이 은혜로 눈을 열어주시기 전에는 누구도 그 십자가의 진리를 깨달을 수 없다는 것인데, 심지어 열두 제자들까지도 성령을 받기 전까지는 그 사실을 알지 못했다. 그러기에 그들은 예수께서 '바리새인과 헤롯의 누룩을 주의하라' 하셨을 때, 그저 먹을 떡을 가지고 오지 않았다고 책망하시는 줄로만 알았다. 그러나 실은 세상의 힘의 논리로 살아가는 그들의 가르침을 조심하라는 말씀이었던 것이다.

물론 예수님께서 오병이어의 기적과 칠병이어의 기적을 통해 배고픈 자들을 먹이시기도 했다. 그러나 이는 이들을 불쌍히 여기는 마음에서 베푸신 기적이었을 뿐, 실제로는 '사람이 떡으로만 사는 것이 아니요 하나님의 말씀으로 사는 줄을 알려주시기 위한 것'(신 8:3)과 예수님이 바로 하나님이 주시고자 하는 생명의 떡임을 알려주시기 위한 표적(miraculous sign)이었다.

한편 '주는 그리스도요 살아계신 하나님의 아들'이라 고백했던 베드로는 예수께서 이제 곧 죽임을 당할 것을 말씀하시자 '그렇게 하면 안 된다'고 예수를 붙잡고 꾸짖는 잘못을 범했다(32절) 그리고 이로 인해 '사탄아, 뒤로 물러가라'라는 무서운 질책을 받게 된다. 앞의 고백은 하나님께서 알려주신 것을 대언했을 뿐이고, 성령받기 전의 베드로(성도들의 대표)는 아직도 세상의 원리에 사로잡혀 있었던 것이다.

그렇다. 죄 가운데 태어난 우리는 옛 사람이 죽기 전에는 새 사람으로 변화될 수가 없기에, 죄에 물든 우리 옛 사람은 반드시 죽어야 한다. 그래야 예수께서 부활하실 때 그분과 함께 새 사람으로 부활할 수 있기 때문이다. 그러므로 오늘도 우리는 그분 앞에 나와 세상의 떡이 아니라 생명의 양식을 구해야 한다. 그리고 오직 그 생명의 떡(예수)을 먹는 자만이 영생을 얻게 될 것이다.

"오늘 우리에게 일용할 양식을 주시옵고"(6:11)

"무리와 제자들을 불러 이르시되 누구든지 나를 따라오려거든 자기를 부인하고 자기 십자가를 지고 나를 따를 것이니라"(34절)

마가복음 9장

누가 크냐?

그들이 잠잠하니 이는 길에서 서로 누가 크냐 하고 쟁론하였음이라(9:34)

힘의 원리가 작동하는 세상에서는 큰 자, 강한 자, 높은 자가 승리자로 인정을 받는다. 그러기에 서로 비교하며 남들 위에 군림하고자 밤을 새워 애를 쓰며, 뜻대로 안 될 때는 아담처럼 남의 핑계를 대거나 가인처럼 경쟁자(아벨)를 제거하기도 한다(창 4:8).

심지어 예수님의 제자들까지도 누가 크냐를 가지고 다툰다. 예수님은 지금 이제 곧 지게 될 가장 비천한 십자가를 다시 한번 말씀하고 계시는데도 말이다. 게다가 이들은 자신들만이 예수의 제자라는 특권 의식까지 가지고 있었는데, 그 결과 다른 사람이 예수의 이름으로 귀신을 쫓아내는 것을 금하는 잘못까지 범했다.

그러자 예수님은 어린아이 하나를 가운데 세우시고, '이런 자가 되어야 한다' 말씀하신다. 당시 어린아이들은 가장 의존적이고 연약하며 별 볼 일 없는 낮고 비천한 자의 대표로 간주되었기 때문이다. 그렇다고 해서 억지로 낮은 자리로 내려가라는 뜻은 아니다. 세상에서 이렇게 어린아이처럼 가진 것이 없거나 바라볼 것이 없는 자들은 결국 하나님을 바라볼 수밖에 없는데, 하나님은 그런 비천한 자들에게 자비를 베푸신다는 뜻이다.

한편 세상에서 승리자가 되기 위해서는 온갖 수단과 방법을 다 동원하게 되고 결국 죄를 저지를 수밖에 없는데, 그렇게 되면 지옥에 떨어질 수밖에 없게 된다. 그러기에 예수님은 남을 실족하게 하지 말 것은 물론이요, 죄를 짓게 하는 모든 것들을 과감하게 찍어 버리라 말씀하신다. 이 세상에서의 삶은 짧은 반면, 죄를 범한 사람은 지옥에서 영원히 살게 되기 때문이다.

"만일 네 손이 너를 범죄하게 하거든 찍어버리라 장애인으로 영생에 들어가는 것이 두 손을 가지고 지옥 곧 꺼지지 않는 불에 들어가는 것보다 나으니라"(43절)

그러나 그런 식으로 찍어버리다 보면 죄 덩어리인 우리 신체 중에 과연 남아 있을 것이 하나라도 있겠는가? 그런데 그런 죄인인 우리 대신 죄 없는 예수님께서 십자가에 달리심으로 모든 죗값을 치러주셨으며, 그 결과 우리는 지금도 멀쩡한 몸으로 살고 있는 것이다. 할렐루야!

"그가 찔림은 우리의 허물 때문이요 그가 상함은 우리의 죄악 때문이라 그가 징계를 받으므로 우리는 평화를 누리고 그가 채찍에 맞으므로 우리는 나음을 받았도다"(사 53:5)

그렇다. 구원을 위해 우리 스스로 행할 수 있는 것은 하나도 없다. 그러기에 우리는 스스로를 자랑하거나 높아지려 하지 말고 어린아이처럼 낮아져, 오직 기도하며 하나님만 전적으로 의지하는 삶을 살아야 한다. 하나님께 기도한다는 뜻은 곧 나의 연약함을 인정하고 하나님을 의지한다는 뜻이기 때문이다.

"예수께서 앉으사 열두 제자를 불러서 이르시되 누구든지 첫째가 되고자 하면 뭇 사람의 끝이 되며 뭇 사람을 섬기는 자가 되어야 하리라 하시고"(35절)

마가복음 10장

은혜인가 상급인가

베드로가 여짜와 이르되 보소서 우리가 모든 것을 버리고 주를 따랐나이다 (10:28)

예수님께서 '낙타가 바늘귀로 나가는 것이 부자가 하나님 나라에 들어가는 것보다 쉽다' 말씀하셨다. 그러자 베드로가 '그렇다면 모든 것을 다 버리고 주님을 따른 우리는 무엇을 얻을 수 있습니까?' 묻는다(28절, 마 19:27절). 제자로 부름 받은 이들조차도 지금까지 예수 그분을 따른 것이 아니라 그분의 능력을 통해 무엇인가를 얻기 위해 따라왔음을 보여주고 있는 것이다.

더 나아가 이런 사건 후에도 이들은 누가 더 높은 자리를 차지할 것인가를 놓고 다투는 모습을 보인다(35~45절). 자신의 행위로 보상을 받겠다는 것이 인본주의이며 율법주의인데, 여기서 우리는 인간이 이런 율법주의에서 벗어나기가 얼마나 힘이 드는가를 잘 알 수 있다.

믿음 생활이란 모름지기 세계관이 바뀌는 것이다. 힘의 원리로 돌아가는 세상과는 달리 낮아지는 것이 높아지는 것이며, 죽는 것이 사는 것임을 깨달아야 하는 것이다.

> "너희 중에 누구든지 으뜸이 되고자 하는 자는 모든 사람의 종이 되어야 하리라"(44절)

한편 이런 원리를 그저 지식으로만 아는 사람들은 높아지기 위해 억지로 낮아지고 살기 위해 억지로 죽은 척하기도 한다. 그 대표적인 부류가 바리새인들이었는데, 오늘날 종교인들 중에도 이런 자들이 부지기수다.

그런데 이런 세계관의 변화는 인간의 힘으로는 될 수 없으며, 오직 하나님의 은혜와 성령의 능력으로만 가능하다. 그러기에 그 일을 위해 하나님과 승천하신 예수께서 우리에게 성령을 보내주신 것이다.

"또 새 영을 너희 속에 두고 새 마음을 너희에게 주되 너희 육신에서 굳은 마음을 제거하고 부드러운 마음을 줄 것이며" (겔 36:26)

그렇다. 겉과 속이 다른 표리부동한 행위를 통해 사람을 속일 수는 있을지 모르나 우리 심장과 폐부를 보시는 하나님을 속일 수는 없다(렘 17:10). 그리고 모든 것은 불꽃같은 심판대 앞에서 발가벗은 것처럼 밝히 드러나게 되는데, 그러기에 마지막 심판 때에 먼저 된 자로서 나중 되고 나중 된 자로서 먼저 될 자가 많은 것이다(31절).

지금 무엇인가 상급을 받기 위해 억지로 예수를 믿는 척하고 있는가, 아니면 구원의 은혜를 입었기에 그분을 사랑하며 따르고 있는가?

콩 심은 데 콩 나고 팥 심은 데 팥이 나오게 되어있다. 창세전에 택함받은 성도들에게서는 언젠가는 성령의 열매가 자연스럽게 열릴 것이다. 이와는 반대로 지금 아무리 근사하고 큰 열매가 열린 것처럼 보인다 해도, 그 열매가 성령이 아닌 내 스스로 맺은 것이라면 그 열매는 가짜다. 마치 크리스마스 트리에 달린 장식품과 같이 말이다.

"인자가 온 것은 섬김을 받으려 함이 아니라 도리어 섬기려 하고 자기 목숨을 많은 사람의 대속물로 주려 함이니라" (45절)

성도의 몸 = 성전 = 기도하는 집

기록된바 내 집은 만민이 기도하는 집이라 칭함을 받으리라고 하지 아니하였느냐 너희는 강도의 소굴을 만들었도다 하시매(11:17)

예루살렘으로 올라가시던 예수님은 시장해서 잎사귀가 있는 한 무화과나무에 다가가신다. 그러나 그 나무에는 찾으시는 열매가 없었는데, 그러자 주님은 즉시 그 나무를 저주하신다. 한편 마가는 분명히 그때가 무화과의 때가 아니었다고 밝혔다(13절). 그러므로 주님은 이 사건을 통해 말씀코자 하는 바가 따로 있으셨던 것이다.

무화과는 포도나무와 더불어 이스라엘을 상징하는 나무였으며, 이스라엘 백성들은 성전으로 대표되는 율법을 맡은 자들이었다. 그런데 예수님이 그 열매 없는 무화과나무를 저주하시고 그 나무가 곧 말라 죽었다. 이것은 곧 주님께서 올바른 열매를 맺지 못하는 이스라엘 백성들을 부정하시고, 형식적인 제사가 드려지던 성전을 파괴하시겠다는 뜻이었던 것이다.

이후 예루살렘에 들어가신 예수님은 곧 성전에서 매매하는 자들을 내쫓으시며 그들의 상과 의자를 둘러 엎으셨다. 이는 예수께서 장차 있게 될 성전 파괴를 예표하신 것인데, 실제로 AD 70년에 율법을 상징하던 예루살렘 성전은 로마의 Titus에게 철저하게 파괴된다(13:2). 이렇게 성전이 무너진 것은 곧 '이 산'이 무너진 것인데(23절), 이는 예수님께서 하나님 사랑과 이웃 사랑이라는 열매 없이 제사라는 종교 의식과 행위에만 몰두했던 유대인들의 거짓 종교에 종말을 고한 것이며, 마지막 때에도 이런 자들에게 무서운 심판이 내려질 것임을 경고하신 것이다.

한편 이렇게 율법이라는 '이 산(성전이 있던 시온산=율법주의)'이 무너지려면 올바른 기도가 드려져야 한다.

"무엇이든지 기도하고 구하는 것은 받은 줄로 믿으라 그리하면 너희에게 그 대로 되리라"(24절)

그런데 그런 올바른 기도를 드리기 위해서는 먼저 우리 몸이 '강도의 굴혈'이 아니라 '기도하는 집'이 되어야 한다. 무릇 참된 기도란 내가 원하는 무엇인 가를 얻어내기 위한 통로나 수단이 아니라, 나의 연약함과 죄인 됨을 인정하 고 내가 내 인생의 주인이 아니기에 오직 주님만을 의지하겠다는 고백이다.

그러나 아직도 자신이 주인 되어 오직 자신의 이익만을 위해 하나님을 부르 는 자들이 있다. 이런 자들은 기도라는 형식을 갖추고 있고 하나님을 부르고 는 있지만 실은 '자기 자신'이라는 우상을 섬기고 있는 것이다. 내 이익을 위 해 하는 모든 행위는 우상숭배이며(골 3:5), 강도가 하는 짓과 다름이 없기 때 문이다. 그러기에 그런 기도를 하는 자들의 몸은 강도의 굴혈과 다름이 없는 것이다.

나는 지금 어떤 기도를 드리고 있는가? 강도처럼 내 정욕을 위해서 하는가, 아니면 자기를 부인하고 십자가를 지기 위해서 하는가?

"그러므로 형제들아 내가 하나님의 모든 자비하심으로 너희를 권하노니 너 희 몸을 하나님이 기뻐하시는 거룩한 산 제물로 드리라 이는 너희가 드릴 영 적 예배니라"(롬 12:1절)

마가복음 12장

하나님의 것은 하나님께 바치라

이에 예수께서 이르시되 가이사의 것은 가이사에게, 하나님의 것은 하나님께 바치라 하시니 그들이 예수께 대하여 매우 놀랍게 여기더라(12:17)

인간을 포함한 온 세상의 주인은 하나님이시다. 온 세상을 지으신 분이 하나님이시기 때문이다. 그러나 아담이 범죄한 이후 인간은 하나님이 주인이심을 거부하고 오히려 그분께 대적해 왔다. 그런데 하나님이 주인이심을 거부한 것이 바로 죄의 본질이요 원천이다.

아담이 타락한 이후 하나님은 하나님이 주인임을 인정하는 것, 즉 하나님 말씀에 순종하는 것이 곧 진정한 행복이라는 사실을 알려주시려고 수많은 선지자들을 보내셨다. 그러나 인간은 그들을 죽였으며, 마지막으로 하나님의 아들을 보내셨지만 그를 영접하기는커녕 죽여 버렸다.

> "그가(예수) 세상에 계셨으며 세상은 그로 말미암아 지은 바 되었으되 세상이 그를 알지 못하였고 자기 땅에 오매 자기 백성이 영접하지 아니하였으나"
> (요 1:10, 11)

이들은 공생애 동안 하나님의 아들 예수를 죽이려고 끊임없이 시험했는데, 이번에는 로마에 세금을 납부해야 하느냐를 가지고 시험한다. 만약 '세금을 내지 말라' 하시면 로마로부터 반역죄로 몰릴 것이며, '내라' 고 하면 국수주의적인 유대인들로부터 매국노라는 소리를 듣게 되어 매장당할 것을 이들은 알았던 것이다.

그러나 이들의 사악한 의도를 아시는 예수님은 그들에게서 동전 하나를 받으신 후 '가이사의 것은 가이사에게, 하나님의 것은 하나님께 드리라' 말씀하신다. 당시 성전에서는 가이사의 얼굴이 그려진 로마의 동전(데나리온)을 사용하는 것은 우상숭배라는 이유로 사용하지 않고, 별도의 화폐를 환전해서 사용했다. 그런데 이들의 호주머니에서 로마 동전이 나왔던 것이다.

한편 돈은 세상의 모든 힘과 이익을 상징하는 것이다. 그러기에 이들에게서 로마 동전이 나왔다는 것은, 이들이 입으로는 하나님을 부르지만 사실은 가이사로부터 이익을 취하고 있었음이 탄로 난 것이다. 사실 이들은 하나님의 백성이 아니라 로마라는 세상의 힘을 섬기는 마귀의 자식이었던 것이다.

그렇다. 우리에게 있는 재산과 생명을 포함한 모든 것들은 모두 하나님의 것이며, 하나님으로부터 온 것들이다. 그러기에 하나님의 것인 우리 하나님의 자녀들은 우리의 모든 것을 하나님을 위해, 그분의 영광을 위해 사용해야 한다. 그러나 어리석은 우리들은 창녀 고멜처럼 마치 그것이 로마 황제로 대표되는 세상으로부터 온 것으로 오해하며, 엉뚱하게 우상을 섬기고 있다. 그러기에 하나님은 이렇게 탄식하신다.

"곡식과 새 포도주와 기름은 내가(하나님) 그에게 준 것이요 그들이 바알을 위하여 쓴 은과 금도 내가 그에게 더하여 준 것이거늘 그가 알지 못하도다" (호 2:8)

우리는 지금 누구를 섬기며, 누구에게 세금(삶의 모든 것)을 바치고 있는가? 우리는 우리 삶의 전부를 그 모든 것의 근원이시며 주인이신 하나님의 영광을 위해 사용해야 한다.

"그런즉 너희가 먹든지 마시든지 무엇을 하든지 다 하나님의 영광을 위하여 하라" (고전 10:31)

"썩을 양식을 위하여 일하지 말고 영생하도록 있는 양식을 위하여 하라 이 양식은 人子가 너희에게 주리니 인자는 아버지 하나님께서 인치신 자니라" (요 6:27)

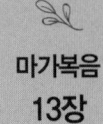

마가복음 13장

깨어있으라!

그가 홀연히 와서 너희가 자는 것을 보지 않도록 하라 깨어 있으라 이 말은 모든 사람에게 하는 말이니라(13:36, 37)

이제 곧 예수님은 십자가에 달리실 것이다. 그러나 어리석은 제자들은 눈에 보이는 것에만 관심이 있었다. 그러기에 헤롯왕이 유대인들의 환심을 사고자 46년간 짓고 있는 성전을 보며 감탄해 마지않는다.

그러자 예수께서는 '이 큰 건물(성전)은 돌 위에 돌 하나도 남지 않고 무너뜨려지리라' 말씀하신다. 이제 참성전이시며 말씀 그 자체이신 예수께서 오셨기에 모형으로서의 성전과 그곳에서 드려지던 제사는 당연히 없어져야 하는 것이다. 그리고 실제로 성전은 AD 70년에 완전히 무너뜨려졌으며, 지금도 폐허 상태로 있다. 그리고 다시는 세워져서도 안 된다.

그러자 제자들은 언제 이런 일이 있을 것이며, 그때 무슨 징조가 있을 것인지를 묻는다. 이에 예수는 거짓 메시아의 출현, 난리와 국가 간의 전쟁, 지진과 기근 등을 말씀하신다. 그렇다면 세계 곳곳에서 난리가 있고, 전염병이 창궐하며, 기근이 만연한 지금이 그때란 말인가?

아니다. 유사 이래로 이런 일들은 항상 있어왔다. 타락한 인간은 계속해서 죄악을 저질렀으며, 하나님은 여러 가지 방법을 통해 그런 인간들에게 경고하시며 징계하시기 때문이다.

그렇다면 이런 상황 속에서 믿는 우리들은 어떻게 할 것인가?

먼저 복음을 전파해야 한다.
하나님이 창세전에 택하신 마지막 한 사람까지 구원받지 않고는 종말은 오지 않기 때문이다.

두 번째로는 끝까지 견뎌야 한다.
왜냐하면 세상은 십자가의 복음을 전하는 우리를 환영하기는커녕 적대시하며, 핍박할 것이기 때문이다. 또한 성도라고 해서 세상이 당하는 환난이나 고통으로부터 면제받는 것은 아니다. 오히려 정금 같은 믿음으로 만드시기 위해 하나님께서는 우리를 고난이라는 용광로에 넣어 연단하시기도 하신다. 그러기에 우리가 당하는 이런 환난은 하나님의 저주가 아니라 사랑의 손길임을 알아야 한다.

세 번째로 깨어있어야 한다.
주님은 지금 우리를 떠나 계시지만 예기치 않은 시간에 다시 돌아오실 것이다. 여기서 우리는 충성된 종처럼 항상 깨어있어야 한다. 그러나 인간은 연약하기에 육적으로 항상 깨어있을 수는 없다. 그러기에 참된 깨어있음이란 비록 세상에 살고 있지만 세상일에 빠져 살지 말고, 주님이 곁에 계신 것처럼 맡기신 일에 충성을 다하라는 뜻이다.

"이 세상이나 세상에 있는 것들을 사랑하지 말라 누구든지 세상을 사랑하면 아버지의 사랑이 그 안에 있지 아니하니" (요일 2:15)

그 일은 바로 자기를 부인하고 자기 십자가를 지고 주님을 따르는 일인데, 이를 위해 우리는 매순간 성경과 성령으로 주시는 하나님 말씀에 순종하는 삶을 살아내야 한다.

"누구든지 나를 따라오려거든 자기를 부인하고 자기 십자가를 지고 나를 따를 것이니라" (8:34)

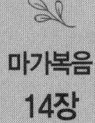

마가복음 14장

차라리 나지 않았더라면

人子를 파는 그 사람에게는 화가 있으리로다 그 사람은 차라리 나지 아니하였더라면 자기에게 좋을 뻔하였느니라 하시니라(14:21)

이제 예수께서 정해진 대로 가실 때가 되었다. 죄가 없으시며 하나님의 본체이신 예수께서 죄인들을 위해 십자가를 지실 때가 된 것이다.

이를 알았는지 한 여인이 자기 생명과도 같은 값비싼 옥합을 깨서 향유를 주님의 머리 위에 붓는다. 기름을 붓는다는 뜻의 히브리어는 'masah'인데, 여기서 Messiah라는 단어가 파생되었다. 지금까지 그 누구도 예수님이 메시아이심을 인정하지 않았다. 그런데 이 여인이 무의식중에 이를 증거한 것이다. 그러나 그 메시아는 다윗처럼 세상의 대적을 물리치는 화려하고 힘 있는 구세주가 아니라 십자가에 달려 힘없이 죽어가는 구세주였다(8절).

그렇다. 메시아 예수님은 죽으심으로 우리를 죄와 사망으로부터 구원하셨다. 그러기에 힘의 원리로 살아가는 세상 사람들은 이런 구세주 예수의 죽으심을 도저히 이해할 수 없으며, 오직 하나님께 택함받은 성도들만이 이런 구세주를 믿고 의지할 수 있다. 그러기에 이런 하나님의 지혜에 천사들도 놀랐던 것이다(고전 1:23).

한편 십자가에 달리기 전에 예수님은 제자들과 마지막 유월절 식사(최후의 만찬)를 드시며, 새 언약을 선포하신다. 예수의 살과 피를 먹고 마시는 자는 영생을 얻게 된다는 것으로, 십자가에서 찢기신 예수님의 살과 흘리신 피로 맺는 언약을 말씀하신 것이었다(22~25절). 우리 성도들은 이런 주님의 일방적인 은혜로 구원을 받은 것이다.

그러나 세상의 힘의 원리에 따라 자기 목적의 달성을 위해 예수께 나아왔던 가룟 유다는 이런 예수님의 사랑을 받고 또 회개를 촉구하는 말씀을 들었음에도 불구하고 끝내 예수를 파는 '밤의 길'을 가고야 만다. 그러기에 이런 그의 악함을 아시는 예수는 '그는 차라리 이 세상에 태어나지 않았더라면 더 좋았으리라' 말씀하신다. 이런 자들을 기다리고 있는 것은 영원한 죽음 곧 유황불에 떨어지는 것밖에 없기 때문이다.

한편 예수의 수제자로 여겨졌던 베드로가 예수님을 저주까지 하며 부인하는 것을 볼 때, 우리 또한 가룟 유다와 전혀 다를 것이 없는 죄인들임을 알 수 있다. 그런 죄인들임에도 불구하고 우리는 주님의 값없이 주시는 은혜로 구원을 받게 된 것이다.

그러기에 오늘도 우리는 그 십자가 은혜에 감사하며, 세상을 좇지 않고 오직 주님의 인도하심을 따라 주님의 자녀의 길을 묵묵히 걸어가야 한다.

"값으로 산 것이 되었으니 그런즉 너희 몸으로 하나님께 영광을 돌리라" (고전 6:20)

"또한 너희 지체를 불의의 무기로 죄에게 내주지 말고 오직 너희 자신을 죽은 자 가운데서 다시 살아난 자같이 하나님께 드리며 너희 지체를 의의 무기로 하나님께 드리라" (롬 6:13)

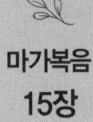

마가복음 15장

찢어진 휘장(the curtain of the temple)

예수께서 큰 소리를 지르시고 숨지시니라 이에 성소 휘장이 위로부터 아래까지 찢어져 둘이 되니라(15:37, 38)

로마 총독 빌라도는 예수님께 죄가 없음을 확인하고도 무리에게 만족을 주고자(15절) 그분을 사형 집행관들에게 넘겨준다. 예수님은 Via Dolorosa(고난의 길, 십자가의 길)라는 길을 통해 형장으로 올라가셨는데, 이때 유월절을 지키기 위해 예루살렘에 왔던 구레네 사람 시몬이 지쳐 쓰러진 예수님의 십자가를 대신 지고 따라간다. 본의 아니게 자기 십자가를 지고 주님을 따르는 사람이 생긴 것이다. 그리고 나중에 그는 예수를 믿는 자가 되는데, 구원은 이렇게 자기 의사와는 관계없이 무조건적으로 주어지는 것이다(Unconditional Election).

마침내 예수가 십자가에 달리셨는데, 많은 사람들이 '너를 구원하여 십자가에서 내려오라' '남은 구원하였으되 자기는 구원할 수 없도다' 라며 욕하고 조롱했다. 그런데 만약 이때 예수께서 그들이 조롱한 대로 십자가에서 내려오셨다면 어찌 되었을까? 모든 사람은 한 사람도 예외 없이 모두 영원한 유황불못에 떨어지게 되었을 것이다.

그런데 예수님께서 죄로 인한 하나님의 진노를 친히 받기 위해 화목제물로 오셨다. 우리가 받아야 할 모든 죗값을 그분이 십자가에서 대신 받으셨으며, 그 피로 말미암아 우리 성도들이 구원을 얻게 된 것이다.

> "이 예수를 하나님이 그의 피로써 믿음으로 말미암는 화목제물로 세우셨으니" (롬 3:25)

한편 예수님이 돌아가시는 순간 지성소를 가로막고 있던 휘장이 찢어져 둘이 되었다(38절). 지금까지 오직 일 년에 한 번 대속죄일에 제물의 피를 든 대제사장만 들어갈 수 있었던 지성소가 마침내 활짝 열린 것이다. 하나님께서 독생자 예수의 피를 들고 들어가셨기 때문이다.

그리고 그 결과 예수의 이름을 부르는 자들은 언제든지 그리로 들어가 하나님을 만날 수 있다. 예수께서 화목제물이 되심으로 믿는 자들의 죄의 문제가 '단번에' 완전히 해결되었기 때문이다.

그러므로 때를 따라 돕는 은혜를 얻기 위해 우리는 새로운 살길인 예수 그리스도를 통해 매 순간 우리 아버지 하나님이 기다리고 계신 지성소(至聖所, Most Holy Place)에 들어가야 한다.

> "그러므로 우리는 긍휼하심을 받고 때를 따라 돕는 은혜를 얻기 위하여 은혜의 보좌 앞에 담대히 나아갈 것이니라" (히 4:16)

마가복음 16장

He has risen!

놀라지 말라 너희가 십자가에 못 박히신 나사렛 예수를 찾는구나 그가 살아나셨고 여기 계시지 아니하니라 보라 그를 두었던 곳이니라(16:6)

예수께서 십자가에서 달려 돌아가시고 아리마대 요셉의 묘에 장사지내진 후 사흘이 지났다. 안식일 후 첫날 아침 새벽에 예수를 따르던 여인들이 무덤을 찾았다. 유대인들의 관례대로 시신을 치장하기 위해서였다.

그러나 무덤 안에 예수님의 시신은 없었으며, 흰 옷을 입은 청년(천사)이 '그가 살아나셨다'라고 알렸다. 이에 이들은 몹시 놀라 떨며 무덤에서 나왔을 뿐 아무 말도 하지 못했다. 이후에도 부활하신 예수님은 막달라 마리아에게, 엠마오로 가는 두 제자에게 그리고 열한 제자에게 나타나셨으나 그들은 도무지 믿지 못했다. 도저히 믿을 수 없는 일이었기 때문이다. 어떻게 죽은 사람이 살아날 수 있단 말인가?

우리 인간은 이렇게 자신이 직접 보고 들은 것만 믿는 자들이다. 그러기에 지금도 그렇게 많은 사람들이 하나님이 살아계심을 믿지 못하고 있는 것이다. 그러나 우리가 오감으로 느끼고 경험한 것만 믿는 것은 인식(認識)이지 믿음이 아니다. 이미 눈으로 보고 귀로 들었는데, 무슨 믿음이 필요한가?

"믿음은 바라는 것들의 실상이요 보이지 않는 것들의 증거니" (히 11:1절)

그렇다. 믿음은 보이지 않는 것을 믿는 것이기에, 믿음은 먼저 하나님으로부터 우리에게 주어져야 한다. 그렇게 주어진 믿음(객관적 믿음)으로 사는 동안 아브라함이 외아들 이삭을 바치는 것과 같은 주관적 믿음이 우리에게 생기게 되는 것이다(히 11:17, 믿음으로 아브라함은 시험을 받을 때에 이삭을 드렸으니).

예수님은 우리의 대표로서 그리고 우리를 대신하여 사흘 동안 칠흑 같은 지옥을 경험하셨다. 그러나 생명 그 자체이신 예수님은 사망에 매어계실 수 없었다. 성부 하나님께서 그를 살리시고 하늘로 부르셨기 때문이다.

한편 모든 성도들 또한 그리스도와 합하여 십자가에 달려죽고, 그분이 부활하실 때 함께 부활했다. 그러기에 우리는 이미 부활한 자들로서 둘째 사망을 당하지 않을 것이다. 그리고 지금도 그분과 함께 왕 노릇을 하고 있으며, 앞으로도 그분과 함께 영원히 만물을 다스릴 것이다.

> "이 첫째 부활에 참여하는 자들은 복이 있고 거룩하도다 둘째 사망이 그들을 다스리는 권세가 없고 도리어 그들이 하나님과 그리스도의 제사장이 되어 천 년 동안 그리스도와 더불어 왕 노릇 하리라" (계 20:6)

이 말씀대로 예수님의 제자들은 비록 세상에서는 환난과 핍박과 순교를 당했지만 세상을 이기는 왕의 삶을 살아냈다. 그리고 성령으로 거듭난 우리 성도들 또한 예수님의 은혜와 부활의 능력으로 지금도 영생의 삶을 살고 있다.

그러므로 이런 은혜를 받은 우리는 주님의 명령에 따라 온 천하에 다니며 십자가의 복음을 전해야 한다. 우리가 복음을 올바로 선포할 때, 이 복음을 믿고 세례를 받는 자는 모두 구원을 받을 것이기 때문이다.

> "또 이르시되 너희는 온 천하에 다니며 만민에게 복음을 전파하라 믿고 세례를 받는 사람은 구원을 얻을 것이요 믿지 않는 사람은 정죄를 받으리라" (15, 16절)

누가복음
LUKE

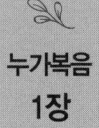

누가복음 1장

오직 은혜

그에게 들어가 이르되 은혜를 받은 자여 평안할지어다 주께서 너와 함께하시도다 하니(1:28)

스스로 존재하시며 모든 면에서 부족함이 없으신 하나님께서 천지를 창조하신 것 자체가 은혜다. 만약 하나님께서 천지만물을 창조하지 않으셨다면 우리는 아예 존재하지도 않았을 것이기 때문이다.

더 나아가 범죄(선악과 사건)함으로 말미암아 죽임당해야 마땅한 우리가 살아 있을 뿐 아니라 하나님의 자녀라는 신분을 갖게 된 것 또한 은혜 중의 은혜다.

세례 요한의 출생 또한 은혜였는데, 요한(=여호와는 은혜가 깊으시다)이라는 그 이름이 이를 증명하고 있다. 그의 부모는 이미 나이가 많아 임신할 수 없는 상태였다. 그러기에 그의 부친 사가랴는 천사가 '아들을 낳으리라' 하는 말을 믿지 못했으며(20절), 이로 인해 요한이 태어날 때까지 벙어리로 지내게 된다.

그렇다. 하나님께 불가능한 일은 없으며(37절), 모든 것을 미리 계획하시고 때가 되면 반드시 이루신다. 이런 면에서 요한의 출생도 예수님의 탄생을 예표하기 위해 준비하신 것이었다. 요한은 주의 길을 예비하기 위해 보내심을 받은 자였던 것이다.

> "그가 또 엘리야의 심령과 능력으로 주 앞에 먼저 와서 아버지의 마음을 자식에게, 거스르는 자를 의인의 슬기에 돌아오게 하고 주를 위하여 세운 백성을 준비하리라" (17, 76절)

사가랴의 예언처럼 구세주 예수의 탄생 역시 미리 예언된 것이었다(70절). 하나님은 창세전에 이미 인간이 타락할 것을 아셨으며, 자기 백성을 원수에게서 구원하시기 위해 구세주 예수를 미리 예비하셨던 것이다(71절). 그리고 정하신 때가 되자 동정녀 마리아를 통해 성자 하나님께서 육신을 입고 이 세상에 오신 것이다. 할렐루야!

"성령이 네게 임하시고 지극히 높으신 이의 능력이 너를 덮으시리니 이러므로 나실 바 거룩한 이는 하나님의 아들이라 일컬어지리라" (35절)

그분은 큰 자이시며, 지극히 높으신 분(야훼)의 아들이라 불릴 것이며, 그 조상 다윗의 왕위가 그에게 주어질 것이다. 더 나아가 그분은 영원히 야곱의 집(교회)을 다스리실 것이며, 그의 나라는 무궁할 것이다. 또 교만한 자들을 흩으시고 권세 있는 자를 내리치시며, 비천한 자를 높이시고 주리는 자를 좋은 것으로 배불리실 것이다(51~53절). 이제 세상의 힘이 아니라 은혜로 움직이는 새로운 세상이 전개될 것이다. 그러기에 역사는 예수님의 탄생 이전(BC; Before Christ)과 탄생 이후(AD; Anno Domini)로 갈라지는 것이다.

한편 요한뿐 아니라 은혜로 거듭난 모든 성도들 또한 주님의 재림을 준비하는 자들로 부르심을 받은 자들이다. 그러므로 종신토록 주의 앞에서 성결과 의로 두려움 없이 주님을 섬겨야 하며, 그분의 오심을 선포해야 한다. 그럴 때 그 복음을 듣고 택하심을 받은 주의 백성들이 새벽이슬처럼 주님께 나아오게 될 것이다.

"네가 지극히 높으신 이의 선지자라 일컬음을 받고 주 앞에 앞서가서 그 길을 준비하여 주의 백성에게 그 죄 사함으로 말미암는 구원을 알게 하리니 이는 우리 하나님의 긍휼로 인함이라" (76~78절)

누가복음 2장

구주의 탄생, 큰 기쁨의 좋은 소식

내가 온 백성에게 미칠 큰 기쁨의 좋은 소식을 너희에게 전하노라 오늘 다윗의 동네에 너희를 위하여 구주가 나셨으니 곧 그리스도 주시니라(2:10, 11)

이 세상에 우연히 일어나는 일은 없다. 인간에게는 우연으로 보이지만 참새 한 마리가 땅에 떨어지는 것조차 하나님의 섭리 가운데 있다(12:6). 그런데 하물며 구세주 탄생의 시간과 장소는 어떻겠는가?

예수님의 부모들은 갈릴리 지방의 나사렛에 살고 있었다. 그런데 가이사 아구스도가 고향으로 가서 호적을 하라는 명령을 내렸다. 그러기에 요셉의 조상 다윗의 고향인 베들레헴에 갈 수밖에 없었으며, 그 결과 성경 말씀대로 그곳에서 예수께서 탄생하신 것이다.

그분은 태어나신 후 구유(가축의 먹이 그릇)에 뉘어지셨는데(16절), 이는 그분이 마소보다 못한 우리 죄인들에게 먹히는 '생명의 떡(먹이)'으로 오셨음을 보여주는 것이다. 또 그분의 탄생은 목자들에게 먼저 알려졌는데, 예수님은 가장 낮은 자들의 친구로 오셨기 때문이다. 이 세상에서 너무 낮아서 구원 받을 수 없는 사람은 하나도 없음을 보여주고 계신 것이다.

한편 율법 아래 태어나신 예수님은 정결의식을 위해 예루살렘 성전으로 올라가셨는데, 거기서 시므온이라는 사람과 안나라는 여선지자로부터 '이분이야말로 그리스도이며 주의 구원' 이시라는 증거를 받으신다.

시므온(성도의 상징)은 원래 야곱의 둘째 아들로서 동생 레위와 함께 하몰 족속을 무자비하게 살육한 죄인이었다(창 34장). 그러기에 영원히 저주받고 죽을 자리에 있었는데, 이제 그의 후손 시므온이 유다의 후손인 그리스도로 말미암아 구원을 얻게 되어 편안히 눈을 감을 수 있게 된 것이다.

"주재여 이제는 말씀하신 대로 종을 평안히 놓아 주시는도다 내 눈이 주의 구원을 보았사오니 이는 만민 앞에 예비하신 것이요 이방을 비추는 빛이요 ~" (29~32절)

한편 여선지자 안나(성도를 상징)는 결혼한 후 칠 년 동안 남편과 살다가 과부가 되어 기도하며 성전에서 살았는데, 이때 나이는 84세였다. 무려 60여 년을 과부로 살아온 것인데, 드디어 진짜 남편이신 아기 예수를 만나 예루살렘의 속량을 바라는 모든 사람에게 '이분이 너희의 참된 신랑(구세주)' 이라 증거했던 것이다(38절). 하나님은 이렇게 두 증인을 예비하실 정도로 모든 것을 계획하시고 이루어 가시는 분인 것이다.

또 열두 살 때 유월절을 지키러 성전에 올라오셨는데, 이때 부모가 잠시 그를 잃었던 적이 있었다. 이때 그분은 성전에서 율법 선생들과 많은 대화를 나눴는데, 그를 꾸짖는 부모에게 '내가 내 아버지 집에 있어야 될 줄을 알지 못하셨나이까' 묻는다. 이를 통해 우리는 이때부터 예수님께서 자신이 하나님의 아들이심을 인식하셨음을 알 수 있다.

이렇게 예수님은 지혜와 키가 자라가며 하나님과 사람에게 더욱 사랑스러워져 가셨다(52절). 참하나님이시면서도 참인간으로서의 삶을 하나하나 살아가셨던 것이다. 그러기에 우리 성도들도 이 땅에서 살아가는 동안 한순간도 허비하지 말고, 하나님을 아는 지식과 믿음과 사랑이 자라가야 한다.

누가복음 3장

하나님의 아들 예수

성령이 비둘기 같은 형체로 그의 위에 강림하시더니 하늘로부터 소리가 나기를 너는 내 사랑하는 아들이라 내가 너를 기뻐하노라 하시니라(3:22)

누가복음의 저자인 누가는 헬라인 의사였다. 그러기에 그는 모든 것을 자세히 살펴 기록하였는데(1:3), 그의 기록은 정확한 사실을 근거한 것으로서 실제 역사를 많이 포함하고 있다(1, 2절).

세례 요한은 예수님보다 6개월 전에 태어나 주님이 오실 길을 준비한 선지자인데, 그는 회개의 세례를 선포하며 요단 강가에서 물 세례를 베풀었다. 구원은 자신이 죄로 인해 죽을 자리에 있음을 뼈저리게 깨닫고 인정하며, 주님께 돌아올 때 주어지는 것이기 때문이다. 한편 요한이 베푼 물 세례는 성령 세례를 예표하는 것으로, 참된 구원은 오직 구세주 예수께서 베푸시는 성령 세례(불 세례)에 의해 이루어지는 것이다(16절).

> "요한이 대답하여 이르되 나는 물로 너희에게 세례를 베풀거니와 나보다 능력이 많으신 이가 오시나니 ~ 그는 성령과 불로 너희에게 세례를 베푸실 것이요"(16절)

예수님도 요한에게 세례를 받으셨는데, 이는 예수님께 죄가 있어서가 아니라 죄인과 연합하시기 위해서였다. 세례를 받으심으로써 죄인인 우리와 하나가 되셔서(연합, Union Christ) 우리 죄를 담당하고 죽으신 것이다. 더 나아가 우리 또한 그분과 함께 죽음으로 말미암아 그분이 부활하실 때 함께 부활하게 된 것이다(갈 2:20).

예수님은 삼십 세에 공적인 사역을 시작하셨다(23절). 이는 제사장들이 삼십 세에 성전 봉사를 시작하는 율법에 근거한 것으로(민 4:3, 47), 대제사장이신 예수님께서도 이에 따르신 것이었다.

한편 이곳에 기록된 예수님의 족보는 마태복음의 것과 다르다(23~38절). 그 이유는 마태는 예수님이 아브라함과 다윗의 후손으로 오신 왕이심을 유태인들에게 알리기 위한 목적으로, 누가는 예수님이 하나님의 아들이시며 모든 인간의 근원은 하나님으로부터 시작되었음을 모든 사람에게 알리기 위해서 기록했기 때문이다.

또한 누가는 요셉이 아닌 마리아의 족보를 기록했는데, 마리아 역시 다윗의 후손이며, 예수님은 인간 요셉의 아들이 아니라 성령으로 잉태된 하나님의 아들이시기 때문이다. 예수님은 하나님의 본체이시지만, 때가 되자 수많은 선지자들을 통해 약속하신 대로 죄인 된 우리 성도들을 구원하기 위해 여인을 통해 인간의 몸으로 오셨던 것이다(成肉身).

"내가 너(뱀, 사탄)로 여자와 원수가 되게 하고 네 후손도 여자의 후손(예수)과 원수가 되게 하리니 여자의 후손은 네 머리를 상하게 할 것이요 ~" (창 3:15)

"내가 네 몸에서 날 네 씨(예수)를 네 뒤에 세워 그의 나라를 견고하게 하리라 그는 내 이름을 위하여 집을 건축할 것이요 나는 그의 나라 왕위를 영원히 견고하게 하리라" (삼하 7:12, 13)

이렇게 예수님은 하나님의 아들로서 이 땅에 오신 참인간이시다. 성도들 또한 비록 마귀의 자식으로 태어났지만 성령으로 거듭난 하나님의 아들들이요 자녀들이다. 그러므로 이런 은혜를 받은 성도들은 이 세상에 사는 동안에도 하나님의 자녀다운 삶을 살아내야 하는데, 그 삶은 곧 자기를 부인하고 하나님의 뜻에 순종하는 십자가의 삶이다. 성령의 도우심으로 그런 삶을 살아갈 때 하나님께서 기뻐하실 것이며, 우리 마음속에서도 주님이 주시는 참된 평안과 희락이 넘쳐날 것이다.

"눈물을 흘리며 씨를 뿌리는 자는 기쁨으로 거두리로다 울며 씨를 뿌리러 나가는 자는 반드시 기쁨으로 그 곡식 단을 가지고 돌아오리로다" (시편 126:5, 6)

누가복음 4장

내가 복음을 전하여야 하리니

예수께서 이르시되 내가 다른 동네들에서도 하나님의 나라 복음을 전하여야 하리니 나는 이 일을 위해 보내심을 받았노라 하시고(4:43)

성령의 충만함을 입은 예수님은 성령에 이끌려 광야에서 40일간 마귀에게 시험(temptation)을 받으신다. 그러나 예수님은 마귀의 유혹을 말씀으로 모두 물리치신다. 마귀의 유혹은 십자가를 지지 말고 기적을 베풀어 사람들에게 세상적인 메시아임을 인정받으라는 것이었다. 그 길은 달콤하고 쉬운 길이었지만 예수님은 이런 유혹을 단호하게 물리치셨다. 그런 방법은 하나님의 뜻이 아니었기 때문이다.

한편 성도들의 인생 역시 성령에 이끌려 마귀에게 시험받는 과정이다. 그러므로 이 시험 기간 동안 말씀과 성령의 능력으로 자기를 부인하고 하나님 말씀에 순종하는 자로 지어져 가야 한다.

시험이 끝난 후 예수님은 회당(synagogue, 오늘날의 지역 교회의 상징)에 들어가 성경을 읽으시고, '이 글이 오늘 너희 귀에 응하였느니라' 말씀하신다.

> "주의 성령이 내게 임하셨으니 이는 가난한 자에게 복음을 전하게 하시려고 내게 기름을 부으시고 나를 보내사 포로 된 자에게 자유를, 눈먼 자에게 다시 보게 함을 전파하며 눌린 자를 자유롭게 하고 주의 은혜의 해를 전파하게 하려 하심이라" (18, 19절; 사 61:1 이하)

'내가 바로 이 일을 하러 온 메시아' 라고 선포하신 것이다. 그런데 문제는 예수가 요셉의 아들임을 아는 고향 나사렛 사람들이 예수님을 인정하지 않고 배척했다는 것이다. 이들에게는 하찮은 목수의 아들이 메시아일 수는 없다는 편견이 있었던 것이다.

오늘날도 마찬가지다. 예수의 이름을 빙자해 작은 기적이라도 일으키는 목사가 있는 교회에는 이단 여부에 관계없이 많은 사람들이 몰려든다. 반면에 자신에게 눈에 보이는 이익을 주지 못하고 예수의 십자가 복음만을 선포하는 목사가 섬기는 교회에는 사람들이 거의 모이지 않는다.

물론 이렇게 자기 이익을 좇는 자들도 입으로는 예수님을 주(Lord)라고 부르며 하나님 나라를 믿는다고 말한다. 그러기에 성도로 보일 수 있다. 그러나 이런 자들은 자신이 주인이 되어 예수를 자기 정욕을 이루기 위한 도구로 이용하며, 하나님 나라에는 전혀 관심을 두지 않고 오직 이 땅에서의 부귀영화만 좇기에 성도가 아니라 불신자들이다.

공생애 동안 예수님께서도 수많은 병자들을 고치시고 귀신을 쫓아내주셨다. 그러나 그런 일들은 생명의 말씀인 복음을 확실하게 하는 부수적인 도구로 쓰인 것뿐이지, 그 자체가 목적은 아니었다. 그러기에 예수님은 이적을 베푸신 후에는 언제나 그 사실을 발설하지 말도록 계속 강조하셨던 것이다.

예수님은 자신으로 말미암아 이 땅에 오게 된 하나님 나라의 복음을 전하기 위해 오셨다. 그러므로 예수님의 제자요 친구인 성도들 또한 그분을 본받아 입술로, 삶으로 복음을 전하는 삶을 살아야 한다.

"예수께서 이르시되 내가 곧 길이요 진리요 생명이니 나로 말미암지 않고는 아버지께로 올 자가 없느니라" (요 14:6)

"이르시되 너희는 온 천하에 다니며 만민에게 복음을 전파하라 믿고 세례를 받는 사람은 구원을 얻을 것이요 믿지 않는 사람은 정죄를 받으리라" (막 16:15, 16)

> 누가복음
> 5장

사람을 낚는 어부

예수께서 시몬에게 이르시되 무서워하지 말라 이제 후로는 네가 사람을 취하리라 하시니(5:10)

많은 무리가 몰려와 말씀을 들으려 하자 예수님은 시몬(베드로의 원래 이름)의 배에 올라 그들을 가르치신다. 그 후 그물을 씻는 시몬에게 '깊은 곳에 그물을 내려 고기를 잡으라' 말씀하신다. 베테랑 어부 시몬은 자기 경험에 반하지만 '말씀에 의지하여' 그물을 내리고, 어마어마한 양의 고기를 잡게 된다.

그러자 시몬은 예수님 무릎 아래에 엎드려 '주여 나를 떠나소서 나는 죄인입니다' 고백한다. 그렇다. 죄에 물든 우리가 거룩 그 자체이신 주님 앞에 섰을 때 보여야 할 첫 번째 반응은 바로 두려움이다. 그러기에 이사야를 비롯한 선지자들조차 주님께서 그들 앞에 나타나셨을 때 죽을 것 같은 두려움을 느꼈던 것이다(삿 13:22, 사 6:5; 화로다 나여 망하게 되었도다).

이후 주님은 시몬에게 '후로는 네가 사람을 취하리라' 즉 '사람을 낚는 어부가 되게 하리라'(마 5:19) 말씀하신다.

이렇게 시몬은 사람을 낚는 어부가 되었다. 그런데 그가 먼저 한 일은 '모든 것을 버려두고 예수를 따르는' 것이었다. 많은 거짓 선지자들이 '예수를 믿으면 세상 것을 많이 얻을 수 있다' 고 떠벌리고, 또 많은 사람들이 그 말을 듣고 소위 교회라는 곳으로 몰려온다.

그러나 베드로를 비롯한 제자들은 세상 것을 얻어내기 위해서가 아니라 방금 잡은 고기를 포함한 '모든 것을 버리고' 예수를 따랐다(11절). 성도는 예수 그리스도야말로 세상을 다 주고도 살 수 없는 생명 그 자체이심을 깨닫는 사람들이기 때문이다(요 14:6, 나는 길이요 진리요 생명이니).

물론 이런 깨달음은 개인의 능력으로 되는 것이 아니라 오직 택하심을 받은 자들(성도들)에게만 은혜로 주어지는 것이다. 이들은 세상의 사고방식과 힘에 대해 이미 죽은 자들인 것이다(갈 6:14).

사람을 낚는 일도 마찬 가지다. 낚시에 낚인 물고기는 물 밖으로 끌려나와 죽는다. 복음에 낚인 사람들도 세상(물)에서 끌려나온 물고기와 같다. 복음을 믿는다는 것은 세상(물)에서 끌려나온 것이며, 그동안 살아왔던 세상(물)을 떠난다는 것은 곧 죽음을 의미하는 것이기 때문이다.

그러기에 제대로 된 전도(傳道=길(道) 되신 예수를 전하는 일)는 결코 쉽지 않다. '예수를 믿는다는 것은 평생토록 추구해 오던 세상 것을 다 버리는 것이다' 라는 복음을 믿고, 그 길로 나아올 수 있는 사람은 거의 없기 때문이다.

그러나 그런 말도 안 되는 복음을 듣고 나오는 사람들이 있으니, 그들은 창세 전에 주님이 택하신 백성이며, 주님이 그들에게 보고 들을 수 있는 눈과 귀를 열어주셨기 때문이다.

베드로뿐 아니라 모든 성도들은 복음에 낚인 사람들이며, 동시에 사람을 낚는 어부로 부름받은 사람들이다. 그리고 전도는 우리가 하는 것이 아니라 우리 안에 계신 성령께서 하시는 일이다. 그러기에 우리는 세상 사람들이 제정신으로는 받아들일 수 없는 십자가를 전하고 선포해야 한다. 그러면 주님께서 친히 열매를 거두실 것이다.

"너희를 넘겨 줄 때 어떻게 또는 무엇을 말할까 염려하지 말라 그때 너희에게 할 말을 주시리니 말하는 이는 너희가 아니라 너희 속에서 말씀하시는 이 곧 너희 아버지의 성령이시니라 ~ 또 너희가 내 이름으로 말미암아 모든 사람에게 미움을 받을 것이나 끝까지 견디는 자는 구원을 얻으리라"(마 10:19, 20, 22)

누가복음 6장

원수를 사랑하라

그러나 너희 듣는 자에게 내가 이르노니 너희 원수를 사랑하며 너희를 미워하는 자를 선대하며(6:27)

성경에는 인간으로서는 도저히 지킬 수 없을 것 같은 계명이 많이 나오는데, 그 대표적인 계명이 '원수를 사랑하라' 라는 예수님의 명령이다. 원수(怨讐, enemy)란 원한이 맺힐 정도로 자기에게 해를 끼친 사람이나 집단을 말한다. 그런데 그런 자들을 어떻게 사랑할 수 있단 말인가?

그러나 하나님께서는 그분의 원수였던 우리를 먼저 사랑해 주셨다. 죄로 인해 영원히 죽어야 할 우리를 살리기 위해 독생자 예수를 이 세상에 보내 십자가에서 죽이심으로 우리를 살리신 것이다. 사랑이 무엇인지 우리에게 먼저 본을 보여주신 것이다.

> "곧 우리가 원수 되었을 때에 그의 아들의 죽으심으로 말미암아 하나님과 화목하게 되었은즉 ~" (롬 5:10)

물론 하나님은 사랑이시다. 그러나 그 사랑에는 독생자 예수의 죽음이라는 큰 희생이 따랐던 것이다.

> "사랑하지 아니하는 자는 하나님을 알지 못하나니 이는 하나님은 사랑이심이라" (요일 4:8)

한편 하나님께서 우리에게 무엇인가를 '하라' 고 명령하시는 것은, 우리에게 이미 그런 능력을 주셨다는 의미이다. 남자이기 때문에 군대에 가는 것이지, 군대에 가기 위해 남자가 될 수는 없는 것과 같은 이치다.

그러므로 우리는 우리의 삶을 통해 원수까지 사랑하는 연습을 해야 한다. 마치 어린아이가 자꾸 넘어지면서도 계속해서 훈련한 결과 마침내 걷게 되는 것과 마찬가지인 것이다. 이런 면에서 우리 주위에 원수들이 많은 것은 우리를 사랑하는 사람으로 만들기 위한 하나님의 은혜다. 우리 곁에 도저히 사랑할 수 없는 사람들이 없이, 우리는 사랑을 배울 수 없기 때문이다.

하나님의 사람 다윗도 수많은 원수들에게 둘러싸인 삶을 살았으며, 그런 삶을 통해 원수를 사랑하는 법을 배웠다.

> "많은 황소가 나를 에워싸며 바산의 힘센 소들이 나를 둘러쌌으며 내게 그 입을 벌림이 찢으며 부르짖는 사자 같으니이다 ~ 개들이 나를 에워쌌으며 악한 무리가 나를 둘러 내 수족을 찔렀나이다"(시 22:12, 13, 16)

그 결과 그는 끈질기게 자신을 죽이려는 원수였던 사울 왕의 죽음을 진정으로 애통해했으며, 자기를 저주하는 시므이를 용서하는 자리까지 갈 수 있었던 것이다(삼하 16:5 이하).

사랑은 단순한 감정의 문제가 아니다. 사랑은 원수까지 사랑하고 선대해야 하는 치열한 자기 부인의 결과이며, 믿음 생활의 정점이다.

> "사랑은 오래 참고 사랑은 온유하며 시기하지 아니하며 사랑은 자랑하지 아니하며 교만하지 아니하며 ~ 모든 것을 참으며 모든 것을 믿으며 모든 것을 바라며 모든 것을 견디느니라"(고전 13:4, 7)

그리고 사랑은 가장 큰 계명이며, 성령이 우리 안에서 맺어 가시는 가장 큰 열매이기도 하다(갈 5:22, 오직 성령의 열매는 사랑과 희락과 화평과 ~). 그러기에 예수께서 보내주신 성령께서 우리를 도와주셔서 우리를 반드시 원수를 사랑하는 자로 만들어 가실 것이다.

> "오직 너희는 원수를 사랑하고 선대하며 아무 것도 바라지 말고 꾸어 주라 그리하면 너희 상이 클 것이요 또 지극히 높으신 이의 아들이 되리니"(35절)

누가복음 7장

나로 말미암아 실족하지 말라

누구든지 나(예수)로 말미암아 실족하지 아니하는 자는 복이 있도다 하시니라 (7:23)

세례 요한은 주의 사자가 그의 출생을 예고한 나실인으로 태어났으며, 주 앞에 가서 그의 길을 준비하고 곧게 한 선지자였다(1:11절 이하, 3:4). 더 나아가 주님은 그에 대해 '여자가 낳은 자 중에 요한보다 큰 자가 없다'라고 말씀하셨다. 그러나 그 역시 구약에 속한 사람이었다. 아직 예수님께서 부활, 승천하신 후 성령을 보내주시기 전이었기 때문이다. 그 결과 그는 구약 시대의 한계를 보일 수밖에 없었다.

구약 시대는 아직 메시아가 오시기 전이었기에 이스라엘 백성들은 다윗과 같은 세상적인 민속 메시아를 대망(待望)하고 있었다. 즉 이스라엘을 로마로부터 해방시켜주고 죄 지은 자들을 즉시 심판하시며, 자신들을 배불리 먹여주실 그런 메시아를 기대했던 것이다. 그러나 예수님께서는 그런 일을 하시지 않은 것은 물론이요, 감옥에 갇혀 있는 세례 요한조차 꺼내주시지 않았다. 그러기에 요한은 자기 제자들을 예수님께 보내 '오실 그이가 당신이오니까' 물었던 것이다. 그러자 예수님은 '맹인이 보며 못 걷는 사람이 걸으며 죽은 자가 살아나며 가난한 자에게 복음이 전파된다 전하라' 말씀하신다. 이사야 61장의 예언이 이루어지고 있음을 들어, 자신이 바로 그 메시아임을 말씀하신 것이다. 그러나 예수님은 로마 제국을 무너뜨리기는커녕 그들 손에 붙들려 돌아가셨다. 왜냐하면 로마의 지배를 포함해 이 세상에서 겪는 온갖 고통들은 죄로 인한 사망의 증상들이기에 근본적인 해결책이 필요했는데, 그 해결책이 바로 대속(代贖)의 십자가였기 때문이다.

그런데 불행하게도 오늘날 교회 안에도 세례 요한처럼 자신의 문제들을 해결해주고, 자신을 높여줄 민속 메시아를 기대하는 사람들이 많으며, 그러기에 많은 설교가 구약에 치우친 경향이 있다. 신약성경에는 세상적인 복을 약속하는 구절이 없으며, 오히려 성도가 당하는 고난만을 약속하고 있기 때문이다.

"세상에서는 너희가 환난을 당하나 담대하라 내가 세상을 이기었노라"(요 16:33)

비록 세상에서는 성도들이 온갖 환난을 당하고 그래서 패배하는 것처럼 보이지만, 예수님께서 십자가로 승리하셨기 때문에 최후의 승리는 성도들의 것이라는 의미이다. 참다운 믿음 생활이란, 여타의 모든 종교에서처럼 예수라는 힘 있는 존재를 이용해 내가 원하는 세상의 것을 얻어내는 방법이 아니다. 오히려 하나님과 나와의 관계를 가로막고 있는 것들(돈, 건강, 권세, 가족 등)을 제거하는 과정이다. 왜냐하면 참된 복은 예수님으로부터 얻어내는 그 어떤 것이 아니라 예수님 자신이기 때문이다(창 15:1, "~ 아브람아 두려워하지 말라 나는 네 방패요 너의 지극히 큰 상급이니라").

그러기에 성도를 대표하는 욥은 세상적인 모든 것(재물, 자식, 건강 등)을 잃은 후에야 비로소 '내가 주께 대하여 귀로 듣기만 하였사오나 이제는 눈으로 주를 뵈옵나이다' 고백했던 것이다(욥 42:5).

성경에 세례 요한이 실족한 내용을 기록한 이유는, 우리 또한 그와 같이 실족할 수 있기 때문이다. 그러나 신약 시대를 살고 있는 우리는 구약 시대 사람들보다 더 큰 은혜를 받았다(28절). 왜냐하면 우리는 성경을 통해 예수님의 부활과 승천을 보았으며, 오순절 성령을 받은 사람들이기 때문이다.

그러므로 우리는 항상 성경이라는 거울에 자신을 비추어 보고, 돌이켜야 한다. 또한 우리 안에는 지금 부활하신 예수님이 보내주신 성령이 계시며, 그분이 계속해서 우리에게 말씀하고 계신다. 그러기에 우리는 세밀한 음성으로 말씀하시는 그분의 말씀에 귀를 기울이며, 그 말씀에 순종해야 한다. 그분을 눈으로 직접 볼 때까지!

"내가 너희에게 말하노니 여자가 낳은 자 중에 요한보다 큰 자가 없도다 그러나 하나님의 나라에서는 극히 작은 자라도 그보다 크니라 하시니"(28절)

누가복음 8장

달리다굼, 죽음에서 일어나라

예수께서 들으시고 이르시되 두려워하지 말고 믿기만 하라 그리하면 딸이 구원을 얻으리라 하시고(8:50)

신약 성경에는 예수님을 섬긴 여자들이 많이 등장하며, 끝까지 십자가 곁에 남아있던 사람들도 마리아라 불리는 여자들이었다(마 27:56). 예수님은 생명의 씨(말씀)를 가진 자인 남자를, 그리고 여자는 그 씨를 받는, 그래서 구원을 받는 성도를 의미하기 때문이다. 여자들은 또한 그 말씀으로 인해 사망과 사망의 증상인 질병에서 놓임을 받은 자들이다(2절). 한편 이들이 이렇게 예수님을 많이 사랑한 것은 죄 사함을 받은 은혜가 너무 컸기 때문인데, 이들은 하나님의 은혜로 자신들의 진짜 신랑 예수를 만났던 것이다.

오늘 본문에도 두 여인이 등장하는데, 죽어가고 있는 12살 된 회당장 야이로의 딸과 12년간 혈루증(만성 자궁 출혈)을 앓고 있는 여인이다. 지금 두 여자 모두 죽어가고 있지만 사실 이미 죽은 것이나 마찬가지다. 이들은 죄와 허물로 죽었던 모든 인간을 상징하고 있는 것이다. 그런데 그렇게 죽어있던 그들을 생명의 주인이신 예수께서 살려주셨다(엡 2:1, "그는(예수) 허물과 죄로 죽었던 너희를 살리셨도다").

여기서 '12'(=3×4)는 삼위일체 하나님과 사방위(四方位)에서 나온 것으로, '모든 것'을 의미하는데, 이들 두 여자의 상태는 모든 인간이 죽음의 상태에 있음을 보여주고 있다. 문제는 어리석은 우리 인간들이 그 상태가 살아있는 것 같으나 실은 죽음인 것을 알지 못하고 있을 뿐이다. 그런데 이 여자아이의 부친 야이로와 혈루증 여인은 그 사실을 알고, 생명의 주님께 달려 나왔던 것이다.

물론 이들에게 그런 믿음을 주신 분도 주님이시다. 마른 뼈처럼 죽어있는 자들이 스스로 생명으로 나아올 수는 없기 때문이다. 어찌되었든 회당장 야이로와 혈루증 여인은 '예수께 나아가면 구원(치유)을 받으리라'는 간절한 마음과 믿음으로 예수께 나아왔다. 당시 유출병에 걸린 사람은 부정(不淨)한 자로 간주되었는데(레 15:5~15), 특히 생명은 피에 있기에 피를 흘리는 이 여인은 이미 죽어가고 있었던 것이다. 한편 이 여인은 병든 몸을 치료하기 위해 가진 것을 다 썼지만 치료받지 못했다. 결국 세상의 힘을 상징하는 돈과 시간만 허비했던 것이다(막 5:26).

그렇다. 세상의 것을 가지고는 결코 참된 치유, 곧 구원을 받을 수 없다. 나무에서 잘려 나온 가지처럼 하나님을 떠난 모든 사람들은 결국 모든 것을 허비하고 죽음에 이르게 되는 것이다. 이와 반대로 예수님을 만난 사람은 그 즉시 구원을 받게 된다. 여인이 예수님의 옷을 만지는 순간 혈루의 근원이 곧 말라 병이 나았으며, '달리다굼'(아이야 일어나라) 한마디에 죽었던 소녀가 다시 살아났던 것이다(54, 55절). 할렐루야!

그러나 이런 생명을 살리는 일은 값없이 이루어진 것이 아니다. 죄 없으신 예수께서 그들의 질병을 대신 짊어지시고, 그들 대신 사망에 던져지심으로 그들이 구원을 받았던 것이다(사 53:8).

> "그는 실로 우리의 질고(疾苦)를 지고 우리의 슬픔을 당하였거늘 ~ 그가 찔림은 우리의 허물 때문이요 그가 상함은 우리의 죄악 때문이라 ~ 그가 채찍에 맞으므로 우리는 나음을 받았도다" (사 53:4, 5)

그렇다. 성도들 역시 죄와 허물로 죽어있던 자들이었는데, 예수님께서 십자가 은혜로 살려주시고 또 영생을 선물로 주셨다. 그러기에 이렇게 다시 살아난 우리들 또한 다른 사람들을 살리기 위해 주님이 가신 그 십자가의 길을 가야 한다. 주님께서 항상 우리와 함께하시며 힘 주실 것이다.

> "너희는 가서 모든 민족을 제자로 삼아 아버지와 아들과 성령의 이름으로 세례를 베풀고 내가 너희에게 분부한 모든 것을 가르쳐 지키게 하라 볼지어다 내가 세상 끝날까지 너희와 항상 함께 있으리라" (마 28:19, 20)

누가복음 9장

복음 전파, 무엇보다 급한 일

이르시되 죽은 자들로 자기의 죽은 자들을 장사하게 하고 너는 가서 하나님의 나라를 전파하라 하시고(9:60)

예수께서 많은 이적을 베푸시자 많은 사람들이 예수를 따르겠다고 나섰다. '저런 능력을 가진 분을 따르면 떡고물이 좀 생기겠다'는 생각을 한 것 같다. 심지어 제자라는 자들도 좌의정, 우의정 자리를 노렸으니(45절), 다른 사람들이야 오죽했겠는가?

그러자 예수님은 '여우도 굴이 있고 공중의 새도 집이 있으되 人子는 머리 둘 곳이 없다' 말씀하신다. '나를 따르는 길은 세상의 영광을 얻는 길이 아니라 참된 영광인 십자가를 지는 것인데, 그래도 네가 나를 따라오겠느냐?' 물으신 것이다. 그 사람이 그 말을 듣고도 예수님을 따라나섰는지는 아무도 모른다. 그러나 그런 말을 듣고도 따른다는 것은 결코 쉬운 일은 아니다.

예수님은 전도를 위해 제자들을 파송하실 때도 '여행을 위해 아무것도 가지지 말라' 말씀하셨다(3절, 10:4절). 사람들을 끌어모으려면, 소위 전도를 하려면 사람들이 관심을 끌 만한 전도용품을 듬뿍 줘서 보내셔야 하는데, '있던 것도 다 놓고 가라' 말씀하신 것이다. 왜냐하면 전도는 내 힘이나 능력이 아니라 하나님의 능력으로 하나님께서 직접 하시는 것이기 때문이다.

세계적으로 알려진 선교사님들 중에는 부자들이 많았는데, 그들은 먼저 전 재산을 하나님께 드리고 선교를 시작했다고 한다. 우리 생각에는 돈이 있으면 훨씬 편하고 일(선교)도 쉽게 이루어질 것 같은데, 그들은 왜 그렇게 했을까? 세상의 힘인 재물을 다 내던짐으로써 세상으로 다시 돌아오려는 미련을 사전에 끊고, 오직 하나님만 전적으로 의지한 채 앞만 보고 가겠다는 결단이었던 것이다. 세상이라는 뒤를 돌아보면서는 쟁기질을 제대로 할 수가 없기 때문이다(62절, "예수께서 이르시되 손에 쟁기를 잡고 뒤를 돌아보는 자는 하나님의 나라에 합당하지 아니하니라 ~").

무릇 그리스도인이란 예수를 따르겠다고 나선 사람들을 말한다. 그런데 과연 우리는 어떤 마음으로 예수님께 나아왔는가? 그리고 지금 우리는 누구를 의지하고 있는가? 혹시 예수님과 세상을 동시에 붙잡고 있지는 않은가?

물론 구원도 믿음도 그리고 예수님을 따르겠다는 마음을 주시는 분도 하나님이시다. 그러나 그렇게 성도로 부름받은 자들은 단단히 각오를 해야 한다는 뜻이다. 모든 성도들이 다 험악한 길을 가는 것은 아니지만, '혹시 환난이 닥치더라도 놀라거나 당황하지 말라' 말씀하시는 것이다.

그렇다. 예수님을 따르는 자들은 주님의 종들이며, 그러기에 자기 뜻이 아니라 주님의 뜻대로 살아야 한다. 더 나아가 주님이 가신 길을 똑같이 가야만 한다. 스승보다 나은 제자는 없기 때문이다. 그런데 주님께서는 이 땅에서 머리 둘 곳도 없이 사셨다. 가난하게 사셨다는 뜻도 있지만 세상을 의지하지 않고 오직 아버지 하나님만 의지하셨다는 뜻이기도 하다. 또 아버지 장사를 지내고 오겠다는 사람에게 '장사는 죽은 자들에게 맡기고 너는 가서 하나님 나라를 전파하라' 명하셨다. 도덕과 윤리를 무시하신 것이 아니라 영혼 구원을 위한 복음의 선포(구원)가 그만큼 더 시급하다고 강조하신 것이다.

전도(복음 전파)는 하나님께서 성도를 통해서 하시는 일이다. 하나님 혼자 하시는 것이 훨씬 더 효과적이지만 전도하는 과정 속에서 성도들의 성화가 이루어지기에 우리를 통해 일하기로 결정하신 것이다. 그러기에 바울은 '하나님께서 전도의 미련한 것으로 믿는 자들을 구원하시기를 기뻐하셨도다' 말했던 것이다(고전 1:21).

복음을 선포하는 일은 한 생명을 구원하는 일이다. 천하보다 귀한 생명을 구하는 일에 쓰임받는다는 것이 얼마나 영광스러운 일인가? 그러기에 우리는 오늘도 우리 삶의 전부를 생명 되신 예수 그리스도를 전하는 일에 써야 한다(딤후 4:2, "너는 말씀을 전파하라 때를 얻든지 못 얻든지 항상 힘쓰라 범사에 오래 참음과 가르침으로 경책하며 경계하며 권하라").

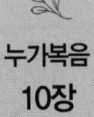

누가복음 10장

선한 사마리아인 = 예수 그리스도

~ 네 마음을 다하며 목숨을 다하며 힘을 다하며 뜻을 다하여 주 너의 하나님을 사랑하고 또한 네 이웃을 네 자신 같이 사랑하라 ~(10:27)

선한 사마리아인은 이웃을 도운 대표적인 이름으로 널리 알려져 있으며, 그래서 병원에서부터 구제 사업 단체에 이르기까지 이런 이름을 가진 곳이 많다. 그런데 과연 우리 인간 중에 진실한 마음으로 이웃을 도울 수 있는 사람들이 있을까? 원수를 사랑하라는 계명을 온전히 지킬 수 있는 사람이 있겠느냐는 말이다.

예루살렘과 여리고는 유대주의와 율법주의를 상징하는 곳이다. 그러기에 당시 그곳에는 사마리아 사람이 감히 들어올 수 없었다. 그런데 그곳에 사마리아인이 등장하는데, 그분이 곧 예수님이시다.

사람들은 숨을 쉬는 것을 살았다고 말하고, 숨이 끊어진 것을 죽었다고 말한다. 그러나 성경은 생명이신 하나님과의 관계가 끊어진 것을 죽음이라 말한다. 그러기에 아담의 범죄 이후 태어나는 모든 인간들은 실은 죽은 채 태어나는 것이다(엡 2:1, 죄와 허물로 죽었던 너희를~). 한마디로 사탄이라는 강도를 만나 거의 죽은 채 이 세상에 보내지는 것이다(30절).

한편 강도를 당해 거반 죽은 그 사람 곁을 제사장과 레위인이 지나가는데, 그들은 그 사람을 도와주지 않고 피하여 지나간다(31, 32절). 이는 그 사람들이 나빠서가 아니라 제사장과 레위인은 율법을 상징하는바, 유대인들이 자랑하던 율법과 제사 즉 행위로는 죄인(강도 만난 사람)을 구원할 수가 없음을 보여주고 있는 것이다.

그런데 그곳을 여행하던 사마리아인이 그를 불쌍히 여겨 상처를 싸매고 주막으로 데리고 가서 돌봐준다. 더 나아가 그때까지의 비용은 물론 추가 비용까지 부담하겠다고 약속한다.

당시 유대 땅에서 사마리아인들은 개 취급도 받지 못했으며, 유대인들의 원수였다. 그런데 이 사람은 어떻게 유대 땅, 그것도 강도들이 들끓는 이곳에 왔을까? 참이스라엘이시며 참유대인인 예수님이 율법의 땅 예루살렘에 사마리아인으로 오셔서 죽어가는 유대인들(성도들)을 살리신 것이다. 그리고 실제로 선한 사마리아인으로 이 세상에 오신 예수님은 유대인들의 손에 죽임을 당하셨다(십자가 사건).

그렇다. 우리는 누구를 도울 수 있는 자들이 아니라 강도(사탄)에게 하나님을 강탈당해 죽게 되어 있던 죄인들이었다. 그런데 하나님의 본체이신 예수님께서 그런 우리를 살리기 위해 이 땅(율법 아래 있는 이 세상)에 오셔서 십자가를 지셨다. 그렇게 죄와 허물로 죽었던 우리들, 먼지가 풀풀 나는 마른 뼈 같은 우리에게 생명을 불어넣어 주신 것이다.

만약 강도를 만난 그 사람에게 힘이 남아있었다면 어떻게 했을까? 그는 분명히 원수인 사마리아인의 도움을 거절했을 것이다. 그런데 그는 거의 죽어있었기에(도움을 거절할 힘이 없었기에) 도움을 받을 수밖에 없었던 것이다. 이렇게 우리도 우리 자신에 대해 죽어야 한다. 나로서는 할 수 없음을 처절하게 경험할 때 비로소 구원을 받아들이게 되기 때문이다.

물론 이런 예수님의 사랑을 받은 자로서 우리 역시 이웃을 사랑해야 한다. 그러나 그보다 먼저 내가 죽을 자리에 있다는 것과 구원자 그리스도 예수에 대해 알아야 한다. 그분을 올바로 아는 것이 영생이기 때문이다.

"영생은 곧 유일하신 참하나님과 그가 보내신 자 예수 그리스도를 아는 것이니이다" (요 17:3)

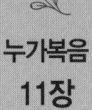

누가복음 11장

기도, 생명의 떡 예수를 구하는 것

비록 벗됨을 인하여서는 일어나 주지 아니할지라도 그 강청함을 인하여 일어나 그 소용대로 주리라 ~ 구하라 그러면 너희에게 주실 것이요 ~(11:8, 개역 한글)

위 본문은 '강청(强請)기도의 능력'이라는 이름으로 잘 알려져 있다. 계속해서 끈질기게 구하면 주실 것이며, 계속 두드리면 문이 열릴 것이라는 주장이다. 그런데 자식에게 뻔히 해가 될 것을 알면서도 계속 떼를 쓴다고 선뜻 그 자식의 요구를 들어줄 부모가 세상에 있는가? 아무리 악한 부모라도 그렇게 하지 않는데, 어찌 우리 아버지 하나님께서 강청한다고 모두 응답하시겠는가?

예수님 당시 유대인들은 이미 정해진 기도문을 가지고 있었으며, 수시로 이를 암송했다. 더 나아가 에세네파, 바리새파, 세례 요한파 등의 집단들은 자신들만의 기도문을 가지고 있었는데, 예수님의 제자들이 이런 기도문을 만들어 달라고 요청했다. 그리고 이때 예수님이 주신 기도문이 '주기도문'이다.

한편 주기도문의 핵심은 '우리에게 날마다 일용할 양식을 주시옵고'이다(3절). 날마다 먹고 살 수 있는 양식을 달라고 기도해야 한다는 것이다. 그런데 같은 주기도문이 들어있는 마태복음 6장 25절에서는 '무엇을 먹을까 무엇을 입을까 무엇을 마실까 걱정하지 말라' 말씀하신다. 어느 말씀을 따라야 하는가?

거기에는 다른 의미가 있으니, 여기서 말하는 양식은 이 세상의 양식이 아니라 '생명의 떡 되신 예수'를 말하는 것이다.

> "하나님의 떡은 하늘에서 내려 세상에게 생명을 주는 것이니라 ~ 주여 이 떡을 항상 우리에게 주소서 예수께서 가라사대 내가 곧 생명의 떡이니 내게 오는 자는 결코 주리지 아니할 터이요 나를 믿는 자는 영원히 목마르지 아니하리라" (요 6:33~35)

한편 이 양식(예수)은 우리 성도들에게 이미 주어졌다. 그렇다면 우리는 무엇을 구해야 하는가? '예수라는 하늘의 만나'를 먹은 자로서 하늘나라 백성다운 삶, 예수 같은 삶, 다시 말해서 자기를 부인하고 십자가를 지는 삶을 추구하라는 뜻인 것이다. 그러나 이 일은 타락한 우리 힘으로는 할 수 없기에 이 일을 해주시려 오신 분이 계신데 그분이 바로 성령 하나님이시다.

"너희가 악할지라도 좋은 것을 자식에게 줄줄 알거든 하물며 너희 천부(天父)께서 구하는 자에게 성령을 주시지 않겠느냐 하시니라" (13절)

그리고 이 약속대로 성도들에게는 성령이 주어졌으며, 우리 안에 소원을 두고 일하고 계시다.

한편 생명의 떡인 예수를 먹은 우리들에게서 예수의 삶이 잘 나타나지 않을 때 그리고 고난과 환난이 닥치게 될 때, 우리는 낙망하기 쉽다. 그러기에 주님은 '항상 기도하며 낙망하지 말라' (18:1) 말씀하시는 것이다.

그렇다. 비록 강청이 아닐지라도 우리는 열심히 기도해야 한다. 우리의 모든 기도는 -비록 잘못된 기도라 할지라도- 우리 믿음의 성숙을 위한 방향으로 반드시 응답되기 때문이다. 그러나 그와 동시에 기도의 목적은 내 뜻을 이루는 것이 아니라, 하나님의 뜻이 내 안에서 이루어지는 것임을 명심해야 한다.

"가라사대 아버지여 만일 아버지의 뜻이거든 이 잔을 내게서 옮기시옵소서 그러나 내 원대로 마옵시고 아버지의 원대로 되기를 원하나이다 하시니" (눅 22:42)

누가복음 12장

모든 탐심을 물리치라

그들에게 이르시되 삼가 모든 탐심을 물리치라 사람의 생명이 그 소유의 넉넉한 데 있지 아니하니라(12:15)

오늘날 우리는 황금만능주의(mammonism) 시대에 살고 있다. 돈으로 대표되는 재물은 이미 하나님과 대적하는 자리에까지 올라있는 것이다. 그런데 우리는 하나님과 재물 둘을 동시에 섬길 수는 없다.

> "집 하인이 두 주인을 섬길 수 없나니 ~ 너희가 하나님과 재물을 겸하여 섬길 수 없느니라"(16:13)

한편 많은 사람들이 눈에 보이지 않는 하나님을 믿고 섬기기보다는 지금 당장 힘이 되는 재물을 모으는 일에 진력한다. 그리고 그것을 많이 모았을 때 어리석은 부자처럼 평안을 느끼며, 쉬고 먹고 마시고 즐거워하려 한다(19절). 그러나 우리의 생명을 결정하시는 분은 하나님이시다.

> "하나님은 이르시되 어리석은 자여 오늘 밤에 네 영혼을 도로 찾으리니 그러면 네 예비한 것이 뉘 것이 되겠느냐 하셨으니"(20절)

물론 다른 사람이나 사탄도 우리의 몸을 죽일 수는 있다(4절). 그러나 우리가 죽은 후에 우리 영혼을 지옥에 던져 넣는 권세를 가지신 분은 오직 하나님 한 분뿐이다(5절). 그러기에 성경은 여호와 하나님을 경외하는 것이 지혜의 근본이며, 생명의 샘이라 말씀하신다(잠언 9:10, 14:27).

한편 주님은 '모든 탐심을 물리치라' 하시며, '사람의 생명이 소유의 넉넉함에 있지 않기 때문이다' 말씀하신다. 여기서 탐심은 재물(소유)에 대한 지나친 집착 또는 욕구를 뜻하는 것이지만, 성경에서는 현실과 이상 사이의 괴리를 채우려 하는 모든 시도를 탐심이라고 부른다. 이런 의미에서 주님은 '내일 일은 내일 염려할 것이요'(마 6:34)라고 말씀하셨다. 내일의 '나'를 그리며 염려와 불안 속에서 살지 말고, 내일은 내일을 주관하시는 하나님께 맡기라는 뜻이다.

그렇다. 탐심이란 단순히 남의 것을 탐내는 마음이 아니라 현실 속에서 내게 주어진 것에 만족하지 못하는 모든 인간들이 가진 죄성을 말한다. 그러기에 탐심은 우상숭배라 말씀하시는 것이다(골 3:5). 왜냐하면 인간은 피조물로서 창조주 하나님만을 전적으로 의존하며 살아야 하는데, 하나님 외의 것으로 자신의 문제를 해결하거나 필요를 채우려 하는 것이 죄이며 우상숭배이기 때문이다.

더 나아가 모든 탐심은 '자기를 위하여'에서 시작된다. 이스라엘 백성들은 모세가 시내산 위에서 율법을 받는 동안 그 밑에서 '자신들을 위해' 금송아지 우상을 만들었다가 삼천 명이 죽임을 당했다(출 32:1, '우리를 위하여' 우리를 인도할 神을 만들라). 또 아간은 하나님께 바쳐야 할 전리품을 '자신을 위하여' 숨겼기에 이스라엘이 아이 성 전투에서 대패했으며, 자신은 죽임을 당했다. 탐심은 하나님의 무서운 진노를 낳게 되는 것이다.

인간을 비롯한 모든 피조물은 하나님을 위해 창조되었다(사 43:21). 그러기에 우리는 '나'가 아니라 창조주 하나님을 위해 살아야 한다. 그리고 하나님께서는 성도들이 이 세상에서 하나님의 자녀가 되는 데 부족함이 없도록 모든 것을 공급해 주신다. 그러기에 우리는 무엇보다 먼저 하나님 나라를 구해야 하며, 주신 것에 만족하며 감사하는 삶을 살아야 한다.

"다만 너희는 그의 나라를 구하라 그리하면 이런 것들을 너희에게 더하시리라"(31절)

"범사에 감사하라 이것이 그리스도 예수 안에서 너희를 향하신 하나님의 뜻이니라"(살전 5:18)

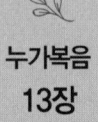

누가복음
13장

열매 맺지 못하는 무화과나무

내가 두루 파고 거름을 주리니 이후에 만일 열매가 열면 좋거니와 그렇지 않으면 찍어버리소서(13:8, 9)

모든 인간은 죄인이다. 그러기에 재판장이신 하나님 앞에 끌려가기 전에 반드시 죄를 고발하는 자와 화해해야 한다. 그렇지 않으면 영원히 지옥에 떨어지게 될 것이기 때문이다(12:58, 59).

그런데 어리석은 제자들은 성전에서 빌라도에게 죽임당한 갈릴리 사람들과 실로암 망대가 무너져 깔려죽은 사람들을 들먹이면서, 이들과는 달리 자신들은 죄가 없음을 자랑했다. 그러자 예수님은 '너희도 똑같은 죄인이기에 만일 회개하지 않으면 그들처럼 망하리라' 하시면서 열매 맺지 못하는 무화과나무의 비유를 말씀하셨다. 결국 심판에서 살아남는 길은 그리스도의 은혜를 의지하는 길밖에는 없음을 말씀하신 것이다.

포도원은 이스라엘을 상징한다(호 9:10). 그런데 그곳에 무화과나무가 심겼다는 것은 포도나무가 지금까지 제대로 열매를 맺지 못했음을 말해준다. 어쨌든 포도나무를 모두 뽑고 무화과나무를 심었는데, 그 무화과나무 역시 열매를 맺지 못했다. 그렇다면 그 주인은 그 열매 맺지 못하는 나무를 찍어버리고 다른 나무를 심는 것이 당연하다(7절).

그런데 과수원지기가 나서서 '금년에도 그대로 두소서. 내가 두루 파고 거름을 주겠습니다.' 말한다. 다시 한번 기회를 달라는 것이다.

그렇다면 지금까지 열매를 맺지 못했던 무화과는 과연 열매를 맺을 수 있을까? 불가능한 일이다. 왜냐하면 지금까지도 과수원지기가 최선을 다해왔을 것이기 때문이다. 방법은 하나, 거름을 주는 것이다.

한편 거름(fertilizer)은 자신의 죽음으로 생명을 살리는 역할을 하는 것이다. 죽음 안에 부활의 에너지를 담고 있는 것이 거름이다. 그리고 실제로 생명의 씨인 예수님께서 십자가 위에서 한 알의 썩어지는 밀알이 되어 거름으로 뿌려지셨다. 그 결과 열매 맺지 못하는 무화과였던 성도들이 하나님의 도끼날을 피하고, 하나님이 원하시는 의의 열매를 맺게 된 것이다.

그렇다. 성도들은 예수님의 죽음(거름 되심)을 통해 죗값을 치르고 살아난 자들이다. 그러기에 이런 사실을 알고 또 믿는 우리에게는 열매를 맺어야 할 책임이 있다. 그런데 그 열매는 우리가 직접 맺는 것이 아니라 나무에 붙어있을 때, 즉 주님 안에 있을 때 비로소 맺히게 된다.

"내 안에 거하라 나도 너희 안에 거하리라 가지가 포도나무에 붙어 있지 아니하면 스스로 열매를 맺을 수 없음 같이 너희도 내 안에 있지 아니하면 그러하리라" (요 15:4)

그러기에 오늘도 우리는 말씀과 기도를 통해 주님 안에 거해야 한다. 그럴 때 우리에게 자기부인(self denial)이라는 열매가 열리게 될 것이며, 이런 썩는 거름과 같은 우리의 삶을 통해 또 다른 영혼이 주님께 돌아오는 놀라운 역사가 일어나게 될 것이다.

"내가 진실로 진실로 너희에게 이르노니 한 알의 밀이 땅에 떨어져 죽지 아니하면 한 알 그대로 있고 죽으면 많은 열매를 맺느니라" (요 12:24)

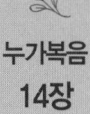

누가복음 14장

하나님의 무조건적 선택(Unconditional Election)

주인이 종에게 이르되 길과 산울타리 가로 나가서 사람을 강권하여 데려다가 내 집을 채우라(14:23)

세상 사람들의 삶의 목표는 남보다 높아지는 것이다. 세상은 어느 개그맨의 말처럼 '일등만 기억하는 곳'이기 때문이다. 그러기에 수단과 방법을 가리지 않고 이웃 위에 군림하는 사람들이 소위 승리자로 추앙을 받는다. 왜냐하면 모든 인간은 누구나 선악과를 입에 물고 태어나는데, 선악과는 곧 가장 높은 자리를 차지하려는 욕망이기 때문이다.

예수님 때도 마찬가지였다. 아니 좀 더 심했는데, 그들은 성도들에게 율법주의(=인본주의)가 무엇인지를 보여주기 위해 택함받은 자들이기 때문이다.

그런데 사실 바리새인들로 대표되는 유대인들은 스스로 낮아지기 위해 무던히 애를 썼던 사람들이다. 그들은 토색, 불의, 간음을 하지 않았으며, 십일조도 꼬박꼬박 내고 일주일에 두 번씩 금식한 후 그 돈으로 이웃을 구제했다(18:11, 12). 그런데 주님은 그들을 '독사의 새끼들'이라 질책하셨다. 그들의 이런 모든 행위가 참된 사랑에서 나온 것이 아니라 위장된 '자기 높이기'에서 나온 것들이기 때문이다.

한편 예수님은 높은 자리에 앉는 것에 대한 경계의 말씀으로 '혼인잔치에 초청받았을 때 높은 자리에 앉지 말라' 명하신다. 그리고 '잔치를 베풀 때 차라리 아무 것도 갚을 수 없는 사회적인 약자들을 청하라' 말씀하신다(13절). 은밀히 보시는 하나님께서 부활 시에 영생으로 갚아주실 것이기 때문이다(14절).

그러나 우리는 어떤 대가를 바라고 남을 대접하거나 일부러 낮아지는 것 자체가 곧 높아지기라는 사실을 알아야 한다. 그런 외식적인 낮아지기로 사람은 속일 수 있으나 하나님은 우리의 속마음을 속속들이 아시기 때문이다.

한편 마지막 날에 열리게 될 어린양의 혼인잔치에는 어떤 자격이 아니라 주님의 일방적인 선택을 받은 자들만 참여할 수 있다. 아담의 후손 중에는 하나님께서 정하신 자격을 갖춘 손님은 하나도 없기 때문이다(롬 3:10).

"종들이 길에 나가 악한 자나 선한 자나 만나는 대로 모두 데려오니 혼인 잔치에 손님들이 가득한지라"(마 22:10)

그렇다. 천국에서는 '무릇 자기를 높이는 자는 낮아지고 자기를 낮추는 자는 높아질 것'이다(11절). 그러나 스스로 낮아지는 삶은 바리새인들처럼 결국 스스로 높아지기로 이어지는 경우가 태반이다. 그러므로 하나님이 원하시는 낮아지는 삶은 은혜로 성령을 받은 자들에게서만 나올 수 있다. 이론이 아니라 삶을 통해 '나는 하나님의 은혜가 없이는 단 한 시도 살 수 있는 존재가 아님'을 처절하게 경험한 자들에게서만 진정한 낮아지기의 삶이 나올 수 있는 것이다.

그렇다. 모든 성도들은 일방적인 주님의 은혜로 선택받은 죄인들이다. 그러기에 맏아들이신 예수님께서 먼저 걸어가신 낮아지는 삶, 십자가의 삶을 반드시 경험하게 될 것이다. 그리고 그런 삶을 살아낸 우리는 마침내 영생이라는 상(賞, reward)을 받게 될 것이다. 할렐루야!

"더욱이 자기 목숨까지 미워하지 아니하면 능히 내 제자가 되지 못하고 누구든지 자기 십자가를 지고 나를 따르지 않는 자도 능히 내 제자가 되지 못하리라"(26, 27절)

누가복음 15장

탕자를 찾으시는 아버지

이 내 아들은 죽었다가 다시 살아났으며 내가 잃었다가 다시 얻었노라 하니 그들이 즐거워하더라(15:24)

많은 사람들이 오늘 본문을 '돌아온 탕자의 비유'라 부른다. 집 나간 둘째 아들이 재산을 다 탕진하고 마침내 회개하여 집으로 돌아왔다는 식으로 해석한다. 과연 그럴까?

양 백 마리가 있는 주인은 잃어버린 양 한 마리를 찾아 나선다. 열 드라크마 중 하나를 잃은 여인은 그 잃어버린 한 드라크마를 찾기 위해 등불을 켜고 온 집안을 뒤진다. 여기서 우리는 양이나 드라크마가 주인을 찾은 것이 아니라 주인이 이것들을 찾았음을 알 수 있다(이렇게 하나님이 잃어버린 죄인을 찾으시는 것이 회개의 시작이다). 이들에게는 스스로 주인을 찾아올 능력이 없기 때문이다. 그렇다면 탕자가 스스로 아버지 집으로 돌아온 것일까?

오늘 비유에서 아버지는 하나님을 그리고 아들들은 성도들을 상징한다. 아버지는 둘째 아들의 가출을 허락하신다. 왜? 아버지 집을 떠난 삶이 얼마나 괴로운 것인가를 경험하게 하기 위해서이다.

그렇다. 인간은 선악과를 따먹음으로써 스스로 생각하는 행복을 얻기 위해 아버지 집을 떠났다. 그러나 그 결과는 마치 돼지우리에서 쥐엄 열매조차 먹지 못하는 상태와 같았다(16절). 하나님을 떠난 인간의 삶은 마치 가시덤불과 엉겅퀴가 있는 땅에서 농사를 짓는 것과 같은 삶인 것이다(창 3:18).

이런 쓰디쓴 경험을 한 둘째는 비로소 모든 것이 풍성했던 아버지 집을 기억하고, 아들이 아니라 죄인과 품꾼의 신분으로 자신을 낮추고 돌아온다. 스스로 회개하고 돌아온 것 같지만 실은 아버지께서 모든 상황을 그렇게 이끌어 오고 계셨던 것이다. 그러기에 아들이 올 것을 미리 알고 맨발로 달려 나가 맞아주시며, 모든 것을 회복시켜 주시는 것이다.

"아버지는 종들에게 이르되 제일 좋은 옷을 내어다가 입히고 손에 가락지를 끼우고 발에 신을 신기라"(22절)

그렇다면 아버지 집을 떠나지 않았던 큰아들은 어떻게 되었을까? 그는 노(怒)하여 동생의 무사귀환을 축하하는 잔치가 열리는 집에 들어가지 않았다. 그러나 아버지는 모든 체면을 내려놓고 직접 문밖으로 나와 큰아들을 권한다(28절). 물론 본문은 그 결말을 알려주지 않는다. 그러나 우리 아버지 하나님은 전지전능하시며, 결코 실패하시는 분이 아니다. 그러기에 분명히 큰아들도 그 잔치(어린양의 혼인잔치)에 참여했다고 믿는다. 왜냐하면 우리 모두가 집을 나간 탕자이며, 아버지 마음을 알지 못하는 큰아들이기 때문이다.

하나님 아버지께서는 독생자 예수를 죽이면서까지 죄와 허물로 죽었던 탕자 같은 우리를 살려주셨다(24절). 생명이신 아버지 하나님을 떠나는 것이 죽음인데, 잃었던 양과 드라크마 같은 우리를 친히 찾아오신 것이다. 그리고 그렇게 되찾음을 경험한 자들에게서는 아버지에 대한 사랑과 순종이 자연스럽게 나오게 되어 있다.

그렇다. 성도들은 아버지 하나님을 떠난 삶을 경험해 보도록 죄로 물든 이 세상에 보냄을 받은 자들이다. 그러기에 우리는 결코 이 세상에 물들거나 이 세상을 사랑할 수 없으며, 언제라도 우리를 기다리고 계신 아버지 집으로 돌아갈 준비를 해야 한다. 그것이 곧 깨어있는 삶이다.

"이 세상이나 세상에 있는 것들을 사랑하지 말라 누구든지 세상을 사랑하면 아버지의 사랑이 그 안에 있지 아니하니 ~ 이 세상도, 그 정욕도 지나가되 오직 하나님의 뜻을 행하는 자는 영원히 거하느니라"(요일 2:15, 17)

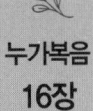

누가복음 16장

불의의 재물로 친구를 사귀라

불의의 재물로 친구를 사귀라 그리하면 그 재물이 없어질 때에 그들이 너희를 영주할 처소로 영접하리라(16:9)

청지기가 자신의 소유를 낭비한다는 소문을 들은 주인이 그 청지기를 불러 '이제 직무를 그만두게 할 테니, 정산서를 제출하라' 명한다. 그러자 그 청지기는 빚진 자들을 불러 이자를 전액 삭감해 주는 방법으로 자기의 살길을 찾는다. 그런데 이런 소식을 들은 주인은 청지기를 야단치기는커녕 그의 지혜를 칭찬한다. 그가 앞으로 자기가 살 길을 영악하게 준비했기 때문이다.

하나님께서도 우리에게 인생이라는 그분의 소유를 맡기셨다. 그러기에 우리는 주인이신 그분을 위해 살아야 한다. 그리고 언젠가는 우리 인생이 끝나고, 우리 삶을 그분 앞에서 결산해야 할 때가 온다.

> "우리가 다 하나님의 심판대 앞에 서리라 ~ 이러므로 우리 각 사람이 자기 일을 하나님께 직고하리라" (롬 14:10, 12)

그렇다면 심판의 날이 오기 전에 우리는 무엇을 해야 할 것인가? 불의의 재물(세상의 재물, worldly wealth)로 친구를 사귀어야 한다. 그렇게 할 경우 우리는 영원한 처소로 영접될 것이기 때문이다.

여기서 불의의 재물이란 이 세상에 사는 동안 우리에게 주어진 모든 것들, 즉 돈, 가족, 건강 등을 말한다. 우리는 재물로 대표되는 이 모든 것들을 사용해 친구를 사귀어야 하는데, 친구로 삼아야 할 첫 번째 대상은 예수님이시며, 두 번째는 우리 이웃이다.

그렇다면 어떻게 예수님의 친구가 될 수 있는가? 물론 선악과를 따먹고 죄인이 된 인간은 하나님과 친구가 될 수가 없다. 그런데 하나님이신 예수께서 육신을 입고 이 땅에 오셨으며(成肉身), 또 십자가를 지심으로 우리 죄를 사하여 주시고 우리를 친구 삼아주셨다. 그렇게 우리는 주님의 친구가 된 것이다.

> "사람이 친구를 위하여 자기 목숨을 버리면 이보다 더 큰 사랑이 없나니 너희는 내가 명하는 대로 행하면 곧 나의 친구라"(요 15:13, 14)

한편 예수님의 십자가로 예수님의 친구가 된 성도들은 예수님이 사신 그 십자가의 삶을 살아갈 수밖에 없는데, 그 과정에서 또 다른 예수님의 친구가 생기게 되는 것이다.

그렇다. 이 세상에서 우리에게 맡겨진 모든 것들은 장차 우리가 천국에서 누리게 될 '큰 것들'에 비해서 '지극히 작은 것들'에 지나지 않는다(10절). 그러기에 우리는 그 맡겨진 것들을 가지고 나를 위해서 쌓거나 쓰지 말고(=재물이라는 우상을 섬기는 일), 하나님 나라를 위해 써야 한다. 그 일은 바로 재물(=우리의 모든 것)을 가지고 삶의 현장에서 이웃을 섬기고 예수의 이름을 전하는 일인데, 이것이 곧 친구를 삼는 일이다.

> "집 하인이 두 주인을 섬길 수 없나니 혹 이를 미워하고 저를 사랑하거나 혹 이를 중히 여기고 저를 경히 여길 것임이니라 너희는 하나님과 재물(Mammon)을 겸하여 섬길 수 없느니라"(13절)

누가복음 17장

복음의 역설

무릇 자기 목숨을 보전하고자 하는 자는 잃을 것이요 잃는 자는 살리리라(17:33)

모든 사람들은 선악과를 따 먹은 아담의 후손으로 태어났기에 무엇이든지 자기 힘으로 이루려는 경향이 있으며, 세상에서는 이런 자들이 칭찬을 받는다. 그러나 성경은 우리에게 일이 아니라 믿음을 요구하고 있는데, 믿는다는 것은 곧 자기를 부인하고 전적으로 주님만을 의지하는 것을 말한다.

> "예수께서 대답하여 이르시되 하나님께서 보내신 이를 믿는 것이 하나님의 일이니라" (요 6:29)

예수님은 '형제를 실족하게 하지 말며, 혹 형제가 죄를 짓더라도 회개하면 끝까지 용서하라' 말씀하신다(1~4절). 그러자 제자들이 '믿음을 더해달라'고 요청한다. 마치 그들에게 큰 믿음이 있다면 용서할 수 있을 것처럼 말하고 있는 것이다.

그러자 예수님은 무익한 종의 비유를 통해 '내가 무엇인가를 할 수 있다'는 생각을 내려놓는 것이 곧 믿음임을 말씀하신다. 구원은 전적인 예수의 십자가 은혜이지, 결코 우리 행위에 대한 보상이나 믿음의 크기에 의해 주어지는 것이 아니기 때문이다.

> "내가 땅에서 들리면(십자가에 달리면) 모든 사람을 내게로 이끌겠노라 하시니" (요 12:32)

그러면서 치유받은 나병 환자 열 명을 통해 다시 한번 설명하신다. 나병 환자 열 명이 예수님께 치유를 받았다. 그런데 오직 사마리아인 한 명만 예수께 돌아와 감사를 표한다. 나머지 아홉 명은 어디로 간 것일까? 그들은 나병 환자

였다는 사실을 잊어버리고 즉시 세상의 일상으로 돌아가 버렸다. 세상에서
'살아있는 자'로 인정받고 싶었던 것이다.

한편 아홉 사람과 달리 사마리아인은 예수님께 다시 돌아옴으로써 자신이 어
떤 죽음의 자리(나병)에서 구원받았는지를 인정했다. 구원은 자신이 아니라
예수님께 있음을 인정한 것이다.

그렇다. 자신이 죽었던 자리에서 구원을 받았다는 것을 인정하는 자만이 진
심으로 하나님께 감사와 찬양을 드릴 수 있다. 그리고 죽은 자만이 다시 살림
을 받을 수 있다(復活, resurrection). 스스로 펄펄 살아있다고 뛰는 자는 다시
살릴 필요가 없어 보이는데, 그렇지만 하나님이 보시기에는 그런 자들이 곧
죽은 자들이다.

> "예수께서 이르시되 너희가 맹인이 되었더라면 죄가 없으려니와 본다고 하
> 니 너희 죄가 그대로 있느니라"(요 9:41)

노아는 비가 뭔지도 모르는 가운데서도 하나님 말씀을 믿고 방주를 예비해서
구원을 받았다. 그는 일상에 빠져있는 세상에 대해 죽어있는 삶을 살아냄으
로 구원을 받은 것이다. 독수리는 죽은 것만을 먹는다. 독수리처럼 하나님께
서는 지금도 그리고 마지막 날에도 자기 자신과 세상에 대해 죽은 자들만을
구원하신다(눅 12:21).

> "이와 같이 너희도 너희 자신을 죄에 대하여는 죽은 자요 그리스도 예수 안
> 에서 하나님께 대하여는 살아 있는 자로 여길지어다"(롬 6:11)

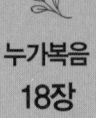

누가복음 18장

불의한 재판관이 되신 하나님

내가 이르노니 속히 그 원한을 풀어 주시리라 그러나 인자가 올 때에 세상에서 믿음을 보겠느냐 하시니라(18:8)

재판관은 공평무사(公平無私)해야 한다. 자신의 감정이나 유익이 아니라 사실에 입각해서 잘잘못을 판단해야 하는 것이 그의 본분이기 때문이다(출 23:3, 가난한 자의 송사라고 해서 편벽되이 두둔하지 말지니라). 그런데 이 재판관은 과부가 계속해서 찾아와 번거롭게 하는 상황, 즉 자신의 괴로움을 피하기 위해 과부의 편을 들어주었으니 불의한 재판관인 것이다(5절).

그런데 만약 하나님께서 공의로 재판하신다면 우리는 어떻게 될까? 모든 인간은 벌을 받고 죽어야 한다(지옥). 왜냐하면 모든 인간은 죄인이며, 죄의 값은 사망이기 때문이다. 그런데 다행히도 하나님께서 '은혜로' 우리를 죄 없다(의롭다, justified)고 판결해 주셨다. 공의로우신 하나님께서 우리를 살리기 위해 불의한 재판관이 되신 것이다.

> "너희는 그 은혜에 의하여 믿음으로 말미암아 구원을 받았으니 이것은 너희에게서 난 것이 아니요 하나님의 선물이라"(엡 2:8)

한편 그런 죄 사함과 의롭다 하심(구원)은 거저 된 것이 아니라 죄 없는 예수께서 십자가에 달려 우리 죗값을 대신 치러주심으로 이루어진 것이다(롬 5:8, 우리가 아직 죄인 되었을 때에 그리스도께서 우리를 위하여 죽으심으로).

그런데 문제는 '인자가 올 때에 세상에서 믿음을 보겠느냐'는 예수님 말씀처럼, 이런 사실을 믿는 사람들이 거의 없다는 것이다. 실제로 예수님은 이 말씀을 하시고 얼마 후에 십자가에 달리셨는데, 이때 제자들마저 예수를 부인하고 모두 떠나버렸다. 세상에서 십자가는 부끄러운 것이요 패배를 의미하기에 도저히 받아들일 수가 없는 것이다.

그러나 세상과는 달리 하나님 나라는 은혜와 사랑(자비)으로 움직여지는 나라이다. 그러기에 세상에서 의롭게 보였던 바리새인이 아니라 죄인 취급을 받던 세리(稅吏)가 하나님께 '의롭다 하심'을 받았던 것이다(10~14절).

물론 선하고 의로운 행위를 하지 말라는 뜻은 아니다. 그러나 그런 선한 행위는 자기 의(義)나 공로로 차곡차곡 쌓이기 쉽고, 그 결과 하나님 은혜보다는 자신을 의지하려 하기 쉽기 때문에 경계하는 것이다.

한편 세리처럼 자신이 죄인임을 인정하며 가난한 심령으로 하나님을 구하는 자들에게서도 하나님이 기뻐하시는 의로운 행위가 나올 수 있다. 그런데 바리새인과는 달리 이들은 자신들이 행한 의로운 행위를 전혀 기억하지 못한다(마 25:37). 왜냐하면 의를 쌓기 위해(자기를 높이기 위해) 억지로 한 것이 아니라 그들이 받은 은혜와 믿음으로 인해 그들에게서 '자연적으로' 흘러나왔기 때문이다.

"이에 저 바리새인이 아니고 이 사람(세리)이 의롭다 하심을 받고 ~ 무릇 자기를 높이는 자는 낮아지고 자기를 낮추는 자는 높아지리라" (14절)

누가복음 19장

내가 돌아올 때까지 장사하라

그 종 열을 불러 은화 열 므나(minas)를 주며 이르되 내가 돌아올 때까지 장사하라 하니라(19:13)

예수님이 예루살렘 가까이 오자 사람들은 하나님 나라가 곧 이루어질 것으로 기대했다(11절). 오병이어의 기적을 일으키고 물 위를 걸으셨으며, 죽은 자를 살리신 놀라운 능력이 있는 분이 예루살렘에 입성하시면 곧 이스라엘이 온 세계를 다스리는 새로운 세상이 올 것을 기대했던 것이다. 그러기에 그들은 '호산나'를 외치며 종려나무 가지를 열심히 흔들었던 것이다(요 12:13).

그러자 예수님은 왕이신 자신의 재림이 늦어질 것과 그때까지 종들이 무엇을 해야 할지를 므나의 비유를 통해 말씀하신다.

당시 헤롯 아킬레오가 왕위를 받으러 로마로 간 것처럼 부활하신 예수님은 승천하셔서 지금 하나님 우편에 앉아계시다. 그리고 하나님이 정하신 때가 되면 만왕의 왕으로 다시 오실 것이다.

그렇다면 돌아오실 때까지 주님의 종인 우리는 무엇을 해야 할 것인가? 그것은 곧 그분이 떠나시면 맡기신 므나를 가지고 장사를 하는 것이다(13절). 그분은 지금 우리 곁에 계시지 않지만, 그분의 말씀에 충성하는 것이 종의 의무이기 때문이다.

그리고 언젠가 그분이 돌아오시면 반드시 결산을 하게 된다(15절). 그러나 핵심은 얼마를 남겼느냐가 아니라 장사를 했는지의 여부이다. 왜냐하면 그분의 관심은 종들이 말씀에 충성했느냐에 있을 뿐이며, 이윤의 유무와 다소는 전적으로 그분이 책임지시기 때문이다. 그런 면에서 열 므나를 남긴 종과 다섯 므나를 남긴 종이 똑같은 평가를 받았던 것이다.

문제는 한 므나를 수건에 싸두었던 종인데, 그는 주인이 무서워 장사를 하지 않았기 때문이다. 한편 주인을 무서워하는 것은 결과를 스스로 책임지려는 율법주의요 인본주의인데, 이런 태도는 주님께서 가장 미워하시는 것이다. 왜냐하면 하나님 나라는 은혜와 긍휼로 다스려지는 나라이기 때문이다.

한편 열 므나과 다섯 므나를 남긴 자들은 각각 열 고을과 다섯 고을을 다스릴 권세를 받았으며, 한 므나를 가졌던 자는 그것마저 빼앗겼다. 여기서 고을을 다스린다는 뜻은 군림한다는 것이 아니라 섬긴다는 뜻이다. 세상과는 달리 하나님 나라에서는 누구든지 크고자 하는 자는 섬기는 자가 되어야 하며(막 10:43), 예수님께서도 이 땅에서 그런 섬기는 삶을 사셨던 것이다.

그렇다. 예수님의 은혜가 주어진 자, 즉 은혜를 아는 자는 기쁜 마음으로 말씀에 충성하기에 더 큰 기쁨을 맛보게 될 것이며, 은혜를 모르는 자는 있는 것마저 빼앗기게 될 것이다. 그리고 예수가 만왕의 왕 되심을 원하지 않는 자들은 장차 영원한 죽음을 당하게 될 것이다.

> "주인이 이르되 내가 너희에게 말하노니 무릇 있는 자는 받겠고 없는 자는 그 있는 것도 빼앗기리라 그리고 내가 왕 됨을 원하지 아니하던 저 원수들을 이리로 끌어다가 내 앞에서 죽이라 하였느니라" (26, 27절)

누가복음 20장

소출을 바치지 못하는 농부들의 최후

그런즉 포도원 주인이 이 사람들을 어떻게 하겠느냐 와서 그 농부들을 진멸하고 포도원을 다른 사람들에게 주리라 하시니 ~(20:15, 16)

대제사장들과 서기관들로 대표되는 기득권 세력들은 예수의 권위(exousia)를 끝까지 인정하지 않았다. 예수님은 자신들처럼 세상에서 인정하는 어떤 과정도 마치지 않으셨으며, 그분의 가르침은 자신들을 부인하고 도전하는 것이었기 때문이다.

그러자 예수님은 포도원 농부의 비유를 말씀하신다. 성경에서 포도원은 이스라엘 백성들을 의미한다(사 5:7, 무릇 만군의 여호와의 포도원은 이스라엘 족속이요). 포도원 주인(하나님)은 포도원을 농부들(예수를 대적하는 기득권 종교 세력)에게 세를 주고 멀리 갔다. 그리고 때가 되자 소출을 받으러 종(선지자들)을 보냈다. 그러나 농부들은 소출을 바치기는커녕 종을 몹시 때려 거저 돌려보냈으며, 이후에도 여러 번 종들을 보냈으나 결과는 마찬가지였다.

그래서 주인은 '내 아들은 존대하리라' 생각하고 사랑하는 아들(예수)을 보냈다. 그러나 이들은 그 아들을 존대하기는커녕 오히려 포도원 밖으로 쫓아내 죽여 버렸다. 예수님은 지금 자신이 앞으로 당하게 될 일을 미리 말씀하고 계신 것이다.

그리고 그들에게 '이 주인이 이 농부들을 어떻게 하겠느냐' 물으시며 '그 농부들을 진멸하고 다른 사람들에게 주리라' 말씀하신다. 구원은 혈통이 아니라 은혜로 이루어지는 것이기 때문이다.

한편 농부들(율법주의자, 인본주의자)은 왜 종들과 아들을 때리고 죽인 것일까? 그들은 주인이 원하시는 소출(열매), 즉 자기 부인이라는 열매를 내어놓을 수 없었기 때문이다. 주님께서는 우리에게 '저는 죄인입니다. 그래서 주님의 은혜 없이는 살 수 없습니다' 라는 열매를 원하시는데, 스스로 왕이 되려고 선악과를 따 먹은 인간은 도저히 그런 열매를 맺을 수 없기에 아들을 죽일 수밖에 없었던 것이다. 그 열매는 성령이 맺으시는 열매이기에(갈 5:22), 오직 성령을 받은 성도만이 맺을 수 있다.

이렇게 스스로 의롭다 여겼던 율법주의자(인본주의자)들은 자신들에게 회개를 요구하는 예수님(마 4:17)을 죽여 성문 밖에 버렸다. 그러나 하나님께서 그를 다시 살리시고 하나님 나라의 모퉁이의 머릿돌을 삼으셨다.

> "너희는 사도들과 선지자들의 터 위에 세우심을 입은 자라 그리스도 예수께서 친히 모퉁잇돌이 되셨느니라 그의 안에서 건물마다 서로 연결하여 주 안에서 성전이 되어 가고" (엡 2:20, 21)

그렇다. 십자가에 못 박힌 그리스도는 거리끼는 것이요 미련해 보이기에(고전 1:23), 세상 사람들은 도저히 받아들일 수가 없다. 그러나 은혜를 입은 자들, 부르심을 받은 자들에게는 하나님의 능력이며 하나님의 지혜이다.

지금 십자가에 못 박힌 그리스도를 믿고 있는가? 그렇다면 하나님이 원하시는 자기 부인의 열매(성령의 열매)가 반드시 열리게 될 것이다. 이와 반대로 스스로 의롭다 여기며 그리스도를 부인하는 인본주의자들은 마침내 깨어지고 부서져 가루가 되고 말 것이다.

> "무릇 이 돌(모퉁이의 머릿돌, 예수) 위에 떨어지는 자는 깨어지겠고 이 돌이 사람 위에 떨어지면 그를 가루로 만들어 흩트리라 하시니라" (18절)

누가복음 21장

덫과 같이 임하는 최후의 날

이러므로 너희는 장차 올 이 모든 일을 능히 피하고 인자 앞에 서도록 항상 기도하며 깨어 있으라(21:36)

예수님은 성전에서 어떤 과부가 두 렙돈을 헌금하는 것을 보시고 '다른 사람보다 많이 넣었다' 칭찬하신다. 그 과부는 생활비 전부를 헌금함에 넣었으며, 이는 곧 자신의 죽음을 의미하는 것이었기 때문이다. 주님은 지금 자신과 세상에 대해 죽는 것이 곧 진짜 사는 것임을 말씀하고 계신 것이다.

> "누구든지 제 목숨을 구원하고자 하면 잃을 것이요 누구든지 나를 위하여 제 목숨을 잃으면 구원하리라"(9:24)

그러면서 마지막 때에 있을 징조에 대해 말씀하신다.

> "또 민족이 민족을, 나라가 나라를 대적하여 일어나겠고 곳곳에 큰 지진과 기근과 전염병이 있겠고 또 무서운 일과 하늘로부터 큰 징조들이 있으리라"
> (10, 11절)

물론 이런 현상들은 유사 이래로 계속 일어나고 있는 일이다. 그러나 마지막 때가 될수록 이런 현상은 더 심해질 것인데, 그 예표로서 예루살렘 성은 로마 군에게 돌 위에 돌 하나도 남지 않을 정도로 처참하게 무너졌던 것이다(20~24절). 그러나 가장 큰 징조는, 온 세상보다 크신 성자 예수께서 인간으로 오셔서 인간과 세상이 당할 모든 고난을 다 당하고 십자가에 달리셨다는 것이다.

그러나 예수님은 무덤에 갇혀 계시지 않고 사망을 이기고 부활하셨다. 마찬가지로 온 세상에 임하는 무서운 재난들은 새 창조를 위해 꼭 필요한 일들이다. 온전한 치료를 위해 수술이라는 고통이 필요하며, 새 생명이 태어나기 위해서는 해산의 고통이 있어야 하듯이, 만물이 그 썩어짐에서 벗어나기 위해서는 죽음과 같은 역창조가 필요하기 때문이다.

그러므로 우리는 환난이 닥칠 때 두려워 떨지 말고 그날이 가까웠음을 알고 항상 깨어있어 대비해야 한다. 그리고 오히려 기뻐해야 하는데, 그날은 믿지 않는 자들에게는 심판과 파멸의 날이 되겠지만 믿는 우리에게는 구원의 날이 되기 때문이다.

그리고 번개가 동편에서 서편까지 번쩍임같이 주님은 장차 온 세상이 모두 알 수 있게 재림하실 것이기에, 거짓 그리스도에게 속지 말아야 한다. 더 나아가 거짓 그리스도와 거짓 선지자들은 큰 기적과 기사들을 보일 것이므로 성도들은 기적이 있는 곳을 피해야 한다(마 24:24, 계 13:13).

한편 세상의 종말이 오기 전에도 개인의 종말(죽음)은 누구에게나 예기치 않게 닥치며, 그 이후에는 구원받을 수 있는 기회가 없다. 그러므로 성도들은 매일매일을 최후의 날로 알고, 항상 하나님 앞에서 최선을 다해 살아내야 한다.

"너희는 스스로 조심하라 그렇지 않으면 방탕함과 술 취함과 생활의 염려로 마음이 둔하여지고 뜻밖에 그날이 덫과 같이 너희에게 임하리라" (34절)

누가복음
22장

예수님의 끝까지 사랑

내가 너를 위하여 네 믿음이 떨어지지 않기를 기도하였노니 너는 돌이킨 후에
네 형제를 굳게 하라(22:32)

예수님은 유월절에 최후의 만찬을 준비시키셨다. 이제 내일이면 예수께서 십자가에 달리게 되시는 것이다. 얼마나 두렵고 떨리셨겠는가? 그러나 예수님은 '이 유월절 먹기를 원하고 원하였다' 말씀하신다. 주님은 우리를 구원하시기 위해 죽게 될 유월절 어린양으로 오셨기 때문이다.

"보라 세상 죄를 지고 가는 하나님의 어린양이로다" (요 1:29)

그리고 제자들에게 떡을 떼고 포도주를 따라주심으로 새 언약을 선포하신다. 이제 곧 십자가에 달려 몸이 찢기고 물과 피를 흘리심으로 믿는 자를 구원하실 것을 미리 선포하신 것이다.

한편 어리석은 제자들은 그 자리에서조차 누가 크냐를 두고 서로 다툰다(24절). 그들은 이제 곧 예수님께서 이스라엘의 왕으로 등극하실 것이라 오해하고, 더 높은 자리를 차지하려 했던 것이다. 그러자 주님은 '너희 중에 다스리는 자는 섬기는 자와 같아야 한다' 말씀하신다(26절). 하나님 나라에서는 섬기는 자가 큰 자인 것이다.

더 나아가 베드로는 '이제 곧 너희들이 나를 버리리라' 라는 예수님의 말씀에 '저는 주와 함께 옥에도, 죽는 데에도 가겠다' 큰소리를 친다. 그러나 그는 끝내 자신의 안위를 위해 사람들 앞에서 세 번씩이나 예수님을 부인한다(54~62절). 사실 대제사장들과 서기관들은 예수라는 우두머리를 제거하려 했지, 다른 제자들에게는 관심이 없었는데도 말이다.

그런데 예수님은 그런 베드로(모든 성도들의 대표)를 위해 기도하신다(32

절). 그리고 부활하신 후 그를 찾아와 세 번씩이나 '네가 나를 사랑하느냐?' 물으심으로 그의 연약함을 용서해 주셨다(요 21:15~17).

한편 우리 모두는 베드로처럼 자신의 유익을 위해 언제든지 예수를 부인할 수 있는 죄인들이며, 그 결과 지옥에 떨어져야 마땅한 자들이다. 왜냐하면 예수님은 '사람 앞에서 나를 부인하면 나도 하나님 앞에서 그를 부인하리라' 선언하셨기 때문이다(마 10:33).

그런데 예수께서는 그런 우리들의 모든 연약함을 용서하시고, 더 나아가 우리를 주님의 자녀로 삼아주셨다. 그리고 그 주님께서 지금도 하나님 우편에서 우리를 위해 기도하고 계시다(롬 8:34, 그는 하나님 우편에 계신 자요 우리를 위하여 간구하시는 자시니라).

그러므로 우리는 오늘도 세상의 힘(돈, 권력 등)을 추구하는 죄성을 버리고, 내 뜻이 아니라 하나님의 뜻을 따르는 자가 되도록 간절히 기도해야 한다.

> "유월절 전에 예수께서 자기가 세상을 떠나 아버지께로 돌아가실 때가 이른 줄 아시고 세상에 있는 자기 사람들을 사랑하시되 끝까지 사랑하시니라"(요 13:1)

누가복음 23장

마지막 순간에 구원받은 두 사람

달린 행악자 중 하나는 ~ 이르되 예수여 당신의 나라에 임하실 때에 나를 기억하소서 하니(23:39, 42)

오늘 본문에는 마지막 순간에 구원받은 두 사람이 나온다. 구레네 사람 시몬과 예수님 우편 십자가에 달렸던 강도다.

시몬은 유월절을 지키러 멀리 구레네(리비아)에서 예루살렘으로 올라온 사람이었다. 그런데 마침 예수님이 형장으로 끌려가는 현장에 있었고, 재수 없게도(?) 예수 대신 십자가를 지게 되었다(26절). 예수님의 피와 땀으로 흥건히 젖어있는 십자가를 졌으니 얼마나 기분이 언짢았을까? 그러나 그것이 영생을 얻는 기회가 될 줄을 어찌 알았겠는가? 그가 초대 교회 성도였던 알렉산더와 루포의 아버지로 기록된 것으로 보아(막 15:21), 그는 이 사건으로 인해 예수를 믿게 된 것임에 틀림이 없다. 이렇게 우리 인생에 우연이라는 것은 없다.

> "누구든지 나를 따라오려거든 자기를 부인하고 자기 십자가를 지고 나를 따를 것이니라" (막 8:34)

이제 그동안 수많은 표적을 일으키셨던 예수님께서 힘없이 잡혀 십자가에 달리셨다. 그리고 이를 본 사람들은 '저가 남을 구원하였으니 자신도 구원할지어다' 라고 놀리고 희롱한다. 힘이 있어 보일 때는 그 앞에서 간이라도 빼줄 것 같이 굽신거리다가도, 자신에게 아무 유익을 주지 못할 것 같으면 헌신짝처럼 저주하고 떠나는 것이 인간의 모습인 것이다.

만약 예수께서 그들이 놀린 대로 십자가에서 뛰어내리셨다면 어떻게 되었을까? 우리 모두는 영원히 지옥 불못에 떨어져 이를 갈게 되었을 것이다. 그런데 자신을 못 박고 있는 이런 죄인들을 살리기 위해 예수님은, 하나님에게까지 버림을 받고 십자가에 달린 상태에서도 하나님께 기도하셨다(34절).

한편 이런 예수님의 모습을 보고 회개한 사람이 있었으니 바로 예수님 오른편에 달렸던 강도다. 그는 자신의 죄를 인정함과(41절) 동시에 자신을 예수님께 전적으로 맡겼다.

자신과 똑같이 십자가에 달려 힘없이 죽어가는 사람인 예수에게 무엇을 기대할 수 있겠는가? 그러나 이 강도는 창세 전에 택함을 받은 성도였기에 숨을 거두기 직전에 자신의 전부를 예수님께 맡겼던 것이며, 그 결과 '오늘 네가 나와 함께 낙원에 있으리라' 라는 주님의 약속을 받았다(43절). 그리고 그 약속대로 그는 지금 부활하신 주님과 함께 낙원에서 영생을 누리고 있을 것이다.

그렇다. 우리 성도들은 이 강도처럼 내가 얼마나 큰 죄인인가를 삶을 통해 경험하고, 오직 예수 그리스도만을 의지하는 자로 지어지도록 이 세상에 보내진 것이다. 그렇게 처절하게 죄의 무서운 결과를 맛본 자들만이 새 하늘과 새 땅에서 더 이상 자신을 의지하지 않고 주님 말씀에 절대적으로 순종하는 자로 살 수 있기 때문이다.

오늘도 나는 죄인 중에 괴수임을 인정하는가? 그렇다면 그런 나를 구원해 주신 십자가의 은혜에 감사하며, 자기 부인의 열매를 맺으며, 자기 십자가를 지고 주님을 따라야 한다.

"내가 의인을 부르러 온 것이 아니요 죄인을 불러 회개시키러 왔노라" (5:32)

"누구든지 나를 따라오려거든 자기를 부인하고 자기 십자가를 지고 나를 따를 것이니라" (마 16:24)

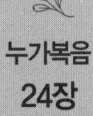

누가복음 24장

너희는 이 모든 일의 증인이라

이같이 그리스도가 고난을 받고 제삼일에 죽은 자 가운데서 살아날 것과 또 그의 이름으로 죄 사함을 받게 하는 회개가 모든 족속에게 전파될 것이 기록되었으니 너희는 이 모든 일의 증인이라(24:46~48)

예수님의 수난과 부활은 구약 성경 곳곳에 기록되었으며, 제자들도 직접 빈 무덤을 보았다. 그러나 그들은 예수님의 부활을 허탄한 것(non sence)으로 여기고 믿지 못했다(11절).

왜 그랬을까? 성경을 올바로 이해하는 것조차 은혜 없이는 되지 않기 때문이다.

이런 일이 엠마오로 가는 두 제자들에게 일어났다. 예수님이 십자가에 달려 돌아가시자 그들은 '이제 모든 것이 끝났다' 생각하고 낙심한 채 집으로 가고 있었다. 이때 낯선 사람이 동행하며 구약 성경에 기록된 예수에 관한 내용을 자세히 설명해주니 그들의 마음이 뜨거워졌다. 그리고 그가 떼어준 떡을 먹자 그분이 바로 부활하신 예수님이신 줄을 알게 되었다(31절).

예수님은 열한 제자에게도 나타나 구약 성경(모세의 율법과 선지자의 글과 시편)이 자신에 대해 쓰인 것임을 말씀하시며, '너희는 이 모든 일의 증인' 이라 말씀하신다. 그들은 이 모든 사실을 직접 눈으로 보고 경험한 사람들이기에, 이 사실을 '모든 족속에게 전파할 책임' 이 있다는 뜻이다.

한편 신약 시대를 살고 있는 성도들 또한 신구약 성경을 통해, 그리고 부활하신 예수께서 보내주신 성령의 도움으로 이 모든 사실을 '믿음으로' 보고 믿게 된 증인들이다. 그러기에 우리 또한 입술과 삶을 통해 증인의 삶을 살아야 한다.

그렇다. 성경은 어떻게 이 세상에서 부귀영화를 누릴 것인가를 알려주는 책이 아니다. 성경은 예수 그리스도를 통해 삼위일체 하나님이 어떤 분이신지, 그분이 어떻게 우리를 죄와 사망에서 건지셨는지, 그리고 그렇게 구원받은 성도들은 어떤 삶을 살아야 하는지를 알려주는 책이다.

> "성경은 능히 너로 하여금 그리스도 예수 안에 있는 믿음으로 말미암아 구원에 이르는 지혜가 있게 하느니라" (딤후 3:15)

그러나 성경을 무조건 읽는다고 해서 이해를 할 수 있거나 구원을 얻을 수 있는 것은 아니다. 성경은 하나님의 감동으로 쓰인 것이다. 그러기에 하나님께서 '은혜로' 우리의 눈과 마음을 열어주시지 않으면 이해할 수 없을 뿐 아니라, 오히려 멸망의 길로 갈 수도 있음을 알아야 한다(벧후 1:20, 성경의 모든 예언은 사사로이 풀 것이 아니니).

구약 성경에 약속된 대로 그리스도 예수께서 이 세상에 오셔서 고난을 받고 죽으시고 부활 승천하셨다. 그러므로 신약 성경에 기록된 모든 말씀도 하나님이 정하신 때에 반드시 이루어질 것이다.

한편 약속된 성령을 받은 후 제자들은 땅끝까지 복음을 전하는 삶을 살았는데, 그 기록이 사도행전에 자세히 기록되어 있다. 그러므로 믿음으로 이 모든 사실을 알며 또 예수의 증인으로 부름받은 우리들도 또한 믿음의 선배들이 걸어간 그 길을 따라가야 한다. 그럴 때 임마누엘 하나님께서 우리와 함께하실 것이다.

> "오직 성령이 너희에게 임하시면 너희가 권능을 받고 예루살렘과 온 유대와 사마리아와 땅끝까지 이르러 내 증인이 되리라 하시니라" (행 1:8)

요한복음
JOHN

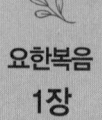

요한복음 1장

예수, 우리 가운데 거하시는 하나님

말씀이 육신이 되어 우리 가운데 거하시매 우리가 그의 영광을 보니 아버지의 독생자의 영광이요 은혜와 진리가 충만하더라(1:14)

사도 요한은 '말씀이 육신이 되었다' 는 놀라운 선포를 한다. 말씀은 하나님 이신데(1절), 그 말씀이신 하나님께서 육신(flesh, sarx)이 되셨다는 것이다. 왜? 영접하는 자 곧 그 이름을 믿는 자들에게 하나님의 자녀가 되는 권세를 주시려고!(12절) 할렐루야!

먼저 말씀은 어떤 사람의 뜻이나 의사를 표현하는 수단이다. 그러므로 말씀이신 예수님은 하나님의 뜻을 나타내려, 그리고 그 뜻을 행하려고 오신 하나님의 본체이시다.

창세 이후로 하나님은 수많은 선지자들을 통해 사람들에게 당신이 누구신가를 말씀하셨다. 그러나 선지자들 역시 불완전한 인간으로서 모든 것을 전할 수는 없었으며, 타락한 인간은 그들이 전한 것조차 알 수가 없었다. 그러기에 하나님께서 친히 아들(예수)을 통해 말씀하셨던 것이다.

> "옛적에 선지자들을 통하여 여러 부분과 여러 모양으로 조상들에게 말씀하신 하나님이 이 모든 날 마지막에는 아들을 통하여 우리에게 말씀하셨으니"
> (히 1:1, 2)

또한 예수님은 온 세상을 창조하신 창조주이시다(3절). 나아가 그분만이 생명이시며(14:6), 그분만이 참생명을 주실 수 있는 분이다. 그러므로 그분을 떠나거나 알지 못하는 자는 육체적으로는 살아있는 것처럼 보이지만 줄기에서 떨어진 가지처럼 이미 죽은 자인 것이다. 그러므로 아담이 범죄한 이후 태어나는 모든 인간들은 마치 마른 뼈처럼 죽은 자들인 것이다.

그런데 하나님은 사랑이시다(요일 4:16). 그러기에 인간을 그런 죽은 상태로 두실 수가 없으셨으며, 그들을 살리기 위해 예수께서 이 땅에 인간의 몸을 입고 오신 것이다.

그러나 자기 백성(이스라엘 백성)들조차 그 육신을 입은 하나님이신 예수님을 영접하지 않았다. 왜냐하면 예수님을 영접하는 것은 곧 생명을 얻는 일인데, 죽은 인간이 어떻게 스스로 살아나 영접할 수 있겠는가? 결국 구원을 위한 영접은 오직 하나님께로부터 난 자 즉 창세전에 택함받은 자들, 즉 은혜로 살리심을 받은 자들만이 할 수 있는 것이다.

"영접하는 자 곧 그 이름을 믿는 자들에게는 하나님의 자녀가 되는 권세를 주셨으니 ~ 오직 하나님께로부터 난 자들이니라" (12, 13절)

한편 하나님을 영접하는 자들, 곧 하나님의 자녀가 된 자들에게는 성령 하나님께서 항상 함께하고 계시며(Immanuel), 우리가 온전한 하나님의 자녀가 되도록 돕고 계신다. 그러므로 성도는 항상 말씀과 기도로 깨어있어 하나님의 말씀을 듣고 그 말씀에 순종하는 일에 전심을 다해야 한다.

"이와 같이 성령도 우리의 연약함을 도우시나니 우리는 마땅히 기도할 바를 알지 못하나 성령이 말할 수 없는 탄식으로 우리를 위하여 친히 간구하시느니라" (롬 8:26)

요한복음 2장

가나(Cana)의 혼례, 예수님의 첫 표적

예수께서 이 첫 표적을 갈릴리 가나에서 행하여 그의 영광을 나타내시매 제자들이 그를 믿으니라(2:11)

요한복음은 '태초에' 로 시작되는데, 이는 창세기의 첫 단어이기도 하다(창 1:1, 태초에 하나님이 천지를 창조하시니라). 사도 요한은 예수님에 의해 '새 창조' 가 시작되고 있음을 말하고 있는 것이다.

그리고 하나님께서 하시던 일을 모두 마치시고 안식하셨던 제칠일(창 2:2)에 '가나' 라는 동네에서 혼례식이 있었는데, 이는 장차 예수님의 재림 시에 있을 어린양의 혼인잔치를 예표하는 것이다(계 19장).

그런데 그만 결혼 잔치에 없어서는 안 될 포도주가 떨어지고 말았다. 기쁨의 잔치가 파장을 맞게 된 것이다. 이런 사태는 인간의 힘으로는 그들이 원하는 완전한 기쁨을 얻을 수 없음과 유대주의(율법주의)의 허상을 적나라하게 보여주는 것이다.

한편 포도주가 떨어진 사실을 알게 된 모친 마리아는 예수께 이 사실을 알리지만, 예수님은 '여자여 나와 무슨 상관이 있나이까' 말씀하신다. 마리아는 아직도 예수를 자신의 아들로 생각하며 또 메시아의 능력으로 인간의 욕구를 충족시켜주길 원했지만, 이를 거절하신 것이다. 이렇게 하심으로 예수님은 이제 모자(母子)의 관계가 아니라 하나님과 인간의 관계임과 메시아의 사명을 새롭게 보여주실 것임을 선언하셨던 것이다.

그리고 곧 물을 포도주로 변화시키는 표적(表跡, miraculous sign)을 행하신다. 하지만 이는 단순한 기적이 아니라 참된 기쁨은 오직 예수의 피(포도주)로만 주어질 수 있으며, 장차 예수께서 십자가에 달려 죽고 부활하심으로 돌항아리에 담긴 물 같은 유대주의(율법주의)를 기독교라는 포도주로 바꾸실 것임을 보여주신 표적이었다.

"율법은 모세로 말미암아 주어진 것이요 은혜와 진리는 예수 그리스도로 말미암아 온 것이라"(1:17)

한편 예수님은 유월절에 각자의 이익을 얻기 위한 강도의 소굴이 되어버린 성전을 가차 없이 뒤엎으셨다. 이는 하나님의 명예를 더럽히는 모든 세력과 타락한 종교에 대한 주님의 분노, 그리고 올바른 예배가 드려지지 않은 성전이 장차 어떻게 될 것인가를 보여주신 사건이다. 그리고 실제로 얼마 후 성전의 실체이신 예수께서 오심으로 쓸모없게 된 건물로서의 성전은 로마군에 의해 흔적도 없이 사라져 버렸다.

그렇다. 형식적인 제사를 드리던 성전을 뒤집어엎으시고 끝내 무너뜨리신 것처럼 주님은 오늘날 우리가 드리는 불경스럽고 형식적인 예배, 감상적이고 산만하며 냉랭하게 죽어있는 예배를 강하게 질책하신다. 그리고 다시 오시는 그날 예수님께서는 눈에 보이는 교회(visible churches)를 정결하게 하시고, 그 정결케 된 신부인 교회와 혼인 잔치를 여실 것이다.

"우리가 즐거워하고 크게 기뻐하며 그에게 영광을 돌리세 어린 양의 혼인 기약이 이르렀고 그의 아내가 자신을 준비하였으므로"(계 19:7)

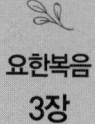

요한복음 3장

하나님이 세상을 이처럼 사랑하사

하나님이 세상을 이처럼 사랑하사 독생자를 주셨으니 이는 그를 믿는 자마다 멸망하지 않고 영생을 얻게 하려 하심이라(3:16)

부모에게 자녀는 세상의 그 무엇보다 더 귀한 존재이기에, 자녀의 생명을 구하기 위해 자기 생명을 던지길 마다하지 않는다. 그러기에 다윗은 자신을 배반했던 압살롬이 죽었다는 소식을 듣고는 '내 아들 압살롬아 차라리 내가 대신하여 죽었더라면' 하며 피눈물을 흘렸던 것이다.

사람이 이럴진대 사랑 그 자체이신 하나님은 얼마나 더 그 아들을 사랑하시겠는가? 그런데 하나님은 그 귀한 독생자 예수를 세상을 위해 주셨다. 여기서 '주셨다'는 뜻은 단순히 보내주신 정도가 아니라 죄인들을 살리기 위해 그 아들을 십자가에 매달았다는 뜻이다. 불뱀에 물려 죽어가는 자들에게 놋뱀을 만들어 높이 매달게 하시고 그것을 바라보는 자마다 살게 하신 것처럼(민 21:9), 십자가에 달린 예수를 바라봄(믿음)으로써 영생을 얻게 하셨던 것이다. 어찌 이런 일이 있을 수 있단 말인가?

한편 하나님께서 이런 큰 사랑을 주셨기에, 세상은 그 아들을 믿음으로써 이런 그분의 사랑에 반응해야 한다. 그 큰 사랑을 받아들이지 않는 것은 사랑을 주신 분에 대한 모욕이요 반항이기 때문이다. 그리고 그렇게 아들을 믿지 않는 자들은 결국 영원한 죽음에 빠지게 되는데, 참된 생명은 오직 아들에게만 있기 때문이다.

> "내가 곧 길이요 진리요 생명이니 나로 말미암지 않고는 아버지께로 올 자가 없느니라" (14:6)

그러므로 모든 사람은 지금 당장 생명이신 예수를 믿기로 결단해야 한다. 물론 창세전에 택함받은 자들만이 예수를 영접할 수 있다. 그러나 어느 누구도 누가 택함받은 자인지를 알 수가 없다. 다만 누군가가 예수를 마음으로 믿고 입으로 시인할 때 우리는 그 사람이 택함받은 사람임을 알 수 있을 뿐인 것이다.

그렇다. 하나님께서는 그 아들 예수를 통해 만물을 지으시고 또 그의 손에 만물을 주셨으며(35절), 오직 그분을 통해서만 구원키로 결정하셨다. 그리고 이천 년 전에 구세주로 이 세상에 오신 예수님은 이제 곧 심판주로서 다시 오실 것이다.

한편 예수님은 당시 세상에서 모든 것을 누리며 종교적으로 그 누구도 따라올 수 없는 열심을 보였던 니고데모에게 '거듭나지 않으면(하나님의 은혜로 예수를 믿지 않으면) 구원받을 수 없다' 말씀하셨다(3절). 이 세상에 자기 능력이나 사회적인 지위로 구원받을 수 있는 사람은 없다는 뜻이다.

그러기에 우리는 하루 속히 하나님의 아들 예수를 믿고 영접해야 하며, 또한 우리 이웃에게 그분을 전해야 한다. 그분을 믿지 않는 자들은 이미 심판을 받은 것이며(18절), 장차 하나님의 무서운 진노가 그들에게 임할 것이기 때문이다.

> "그의 아들에게 입맞추라 그렇지 아니하면 진노하심으로 너희가 길에서 망하리니 그의 진노가 급하심이라 여호와께 피하는 모든 사람은 다 복이 있도다"
> (시 2:12)

요한복음 4장

예수, 영원히 목마르지 않는 생수(living water)를 주시는 분

내가 주는 물(永生)을 마시는 자는 영원히 목마르지 아니하리니 내가 주는 물은 그 속에서 영생하도록 솟아나는 샘물이 되리라(4:14)

예수님은 하나님이시지만 이 땅에서는 완전한 인간으로 사셨다. 우리처럼 식사도 하시고 잠도 주무셨으며 때론 피곤함을 느끼기도 하셨다. 그럼에도 그분은 땡볕이 내리쬐는 대낮에 식사도 거른 채 한 영혼을 찾아가셨다. 그분에게는 보내신 분 곧 하나님의 뜻을 행하며 이루시는 것이 곧 그분의 양식이기 때문이다(34절).

예수님 당시 유대인들은 사마리아 인들과는 아예 상종하지도 않았으며, 그 지역을 지나가지도 않았다. 그런데 예수님은 예루살렘에서 갈릴리로 가는 도중에 일부러 사마리아 지역으로 가셨다(4절). 그곳에 창세전에 구원받도록 예정된 사람들(우물가의 여인과 그 지역 사람들)이 있었기 때문이다.

먼저 예수님은 여인에게 물을 좀 달라고 요청하시는데, 그 여자가 지금 목말라하고 있음을 아셨기 때문이다. 물은 생명 유지를 위해 꼭 필요한데, 메마른 사막(광야)을 지날 때는 더 말할 필요가 없다.

한편 인간 누구나 인생이라는 광야를 지나고 있으며, 그런 가운데 항상 갈증을 느낀다. 그리고 그 갈증을 해소하기 위해 돈, 명예, 자식 등에 올인을 한다. 그러나 참생수이신 하나님이 빠져나간 그 자리는 이 세상의 그 어느 것으로도 채울 수 없으며, 마치 '헛되이 바람을 잡으려는 것' 처럼 그 대상에 올인하면 할수록 갈증은 더욱 심해질 뿐이다.

이 사마리아 여인은 남편을 통해 이런 갈증을 해결하려 했고, 그 결과 지금은 여섯째 남편과 살고 있다. 그러나 어찌 똑같은 죄인인 남편으로 그 목마름을 해결할 수 있겠는가? 그러기에 참남편이신 예수께서 직접 그 여인을 찾아오신 것이다. 그분이 주시는 물이야말로 '영생하도록 솟아나는 샘물'이기에 결코 마르지 않으며, 그 물을 마시면 다시는 갈증을 느끼지 않게 되기 때문이다.

이 샘물은 곧 예수께서 부어주시는 성령을 의미한다. 즉 예수님은 십자가에 달려 죽으시고 부활승천하신 후 성령을 부어주시기 위해 이 땅에 오신 것이다. 할렐루야!

> "나를 믿는 자는 성경에 이름과 같이 그 배에서 생수의 강이 흘러나오리라 하시니 이는 그를 믿는 자들이 받을 성령을 가리켜 말씀하신 것이라" (7:38, 39)

지금 우리는 무엇에 목말라하고 있으며, 그 목마름을 해결하기 위해 무엇을 하고 있는가? 돈, 권력, 자녀 등 그 어떤 것으로도 우리의 목마름을 해결할 수 없으며, 오직 참생수이신 예수 그리스도만이 그 유일한 해결책이다. 그러므로 그분의 초청에 응답하여, 지금 당장 그분 앞에 나와야 한다. 그러면 그분께서 생수(성령)를 값없이 부어주실 것이다.

> "명절 끝날 곧 큰 날에 예수께서 서서 외쳐 이르시되 누구든지 목마르거든 내게로 와서 마시라" (7:37)

> "오호라 너희 모든 목마른 자들아 물로 나아오라 돈 없는 자도 오라 너희는 와서 사 먹되 돈 없이, 값없이 와서 포도주와 젖을 사라" (사 55:1)

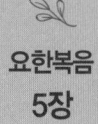

요한복음 5장

은혜인가 행위인가?

예수께서 이르시되 ~ 너희가 성경에서 영생을 얻는 줄 생각하고 성경을 연구하거니와 이 성경이 곧 내게 대하여 증언하는 것이니라(5:39)

양문(羊門)은 성전 제사에 드려질 제물들을 가지고 들어가던 문이다. 그 곁에 베데스다(은혜의 집)라는 연못이 있고, 그곳에 다섯 행각(行閣)이 있었다. 그리고 그곳에는 수많은 병자들이 기다리고 있었는데, 물이 동하는 동안 먼저 들어가는 사람은 낫는 일이 가끔 있었기 때문이다.

그곳에 은혜 그 자체이신 예수님께서 오셨다. 그러나 사람들은 연못에만 집중할 뿐, 그 누구도 예수님께 관심을 가지는 사람이 없었다. 그러자 예수님은 38년 동안 걷지 못하고 누워있는 병자에게 다가가 '네가 낫고자 하느냐' 물으신다.

그러나 그 병자의 대답은 '제가 낫기 원하나이다'가 아니라, '자기를 들어 못에 넣어줄 사람이 없다'는 푸념이었다. 그곳에 와있는 병자들은 모두 경쟁자일 뿐 그를 도와줄 사람이 없었던 것이다. 왜냐하면 하나님을 떠난 인간들이 사는 이 세상은 경쟁의 법칙이 적용되는 정글이기 때문이다. 그러기에 이 사람은 은혜의 연못에 앉아 은혜(예수)를 구하기보다는 끝까지 '스스로 해보겠다'는 것이다. 그런데 이는 마치 에스겔 골짜기에 널려있던 마른 뼈가 스스로의 힘으로 살아나겠다는 것과 마찬가지로 불가능한 일이다.

이에 예수님은 '네 자리를 들고 걸어가라' 말씀하셨고, 그 사람은 그 즉시 자리를 들고 걸어갔다. 은혜가 무엇인지도 몰랐고 그래서 구하지도 않은 자에게 은혜를 베풀어 주신 것이다. 이렇게 은혜는 우리의 신분이나 노력(행위)에 관계없이 값없이 일방적으로 주어지는 것이다.

"너희는 그 은혜에 의하여 믿음으로 말미암아 구원을 받았으니 이것은 너희

에게서 난 것이 아니요 하나님의 선물이라" (엡 2:8)

한편 38년 된 이 병자는 38년 동안 광야를 방황했던 이스라엘(성도들)을 상징한다. 출애굽한 이스라엘 백성들이 불신앙과 불순종으로 인해 38년 동안 광야를 방황했던 것처럼, 오늘날도 수많은 사람들이 불신앙으로 말미암아 병들어 죽어가고 있는 것이다.

그렇다. 이미 죽은 시체는 스스로 살아날 방법이 없다. 그가 살아날 수 있는 유일한 방법은 생명이 그에게 부어지는 것이다. 그리고 때가 되자 생명 그 자체이신 예수께서 이미 죽어있던 자기 백성들(자기의 원하는 자들)을 친히 찾아오시고, 그들에게 생명을 부어주시는 것이다(21절). 할렐루야!

오늘날에도 많은 사람들이 이 38년 된 병자처럼 스스로의 행위(선한 행위, 종교, 철학 등)로 생명(행복, 만족 등)을 얻으려 하고 있다. 그러나 이는 마치 산에 가서 물고기를 구하는 것과 같이 어리석은 짓이다(緣木求魚).

또 소위 믿는다고 하는 사람들 중에도 하나님의 말씀인 성경을 이용해 세상적인 유익을 얻으려 한다. 그러나 성경은 하나님께서 생명의 주인이신 예수 그리스도에 대해 써서 인간에게 주신 책이다. 그러기에 우리는 성경을 통해 예수를 알고, 더 나아가 그분을 믿는 일에 힘써야 한다. 그것이 우리가 이 세상에 살아있는 동안 해야 하는 유일한 일이며, 그렇게 한 사람에게는 영생(생명)이 주어질 것이다.

> "예수께서 대답하여 이르시되 하나님께서 보내신 이를 믿는 것이 하나님의 일이니라 하시니" (6:29)

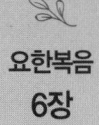

요한복음 6장

나는 생명의 떡이니

예수께서 이르시되 나는 생명의 떡이니 내게 오는 자는 결코 주리지 아니할 터이요 나를 믿는 자는 영원히 목마르지 아니하리라(6:35)

예수께서 오병이어로 장정만 오천 명을 먹이시는 놀라운 표적을 목격한 후 엄청난 무리들이 쫓자, 예수님은 산으로 떠나가신다(15절). 산(山)은 단순히 장소적인 의미가 아니며, 이런 세상적이고 물질적인 것을 쫓는 세상으로부터의 분리를 의미하는 것이다.

물론 세상의 떡이 중요하지 않은 것은 아니다. 사람은 떡(밥)을 먹지 않으면 살 수가 없기 때문이다. 그러나 아무리 먹어도 결국은 100년을 넘기지 못하고 죽고 마는 것이 인생이다. 이 땅에서의 삶은 영원한 삶의 그림자로 잠시 주어진 것이기 때문이다.

그러기에 예수님은 '나는 하늘로부터 내려온 참떡(real bread)이며, 이 떡을 먹으면 영생(永生)하리라' 선언하신다(51절).

한편 오병이어의 기적(광야에서의 만나)과 예수께서 물 위를 걸으신 사건(홍해 사건)은 또 다른 출애굽을 연상하기에 충분했다. 그러기에 유대인들은 예수님을 모세가 약속한 선지자가 나타난 것으로 생각하고, 예수님께서 자신들의 배를 부르게 해주고, 로마로부터 독립시켜줄 것을 기대하며 임금으로 삼으려했다(15절).

그러나 예수님은 이런 기대와는 달리 '너희 조상은 비록 만나(manna)를 먹었지만 결국 죽었다. 왜냐하면 만나는 사람이 떡으로만 사는 것이 아니라 하나님의 말씀으로 사는 것임을 알려주기 위해 주신 것이기 때문이다. 그 만나는 곧 하늘로부터 온 참떡인 나를 예표한 것이기에 너희들은 나를 믿어야 한다' 라고 이해하기 어려운 선언을 하셨다 그러자 많은 사람들이 예수님을 떠나버린다. 예수님의 말씀이 이해하기 어려울 뿐 아니라, 이들은 예수에게서 세상의 떡(세상의 행복이나 만족)을 구하러 왔기 때문이다.

그렇다. 하나님께서 이끌지 아니하시면 아무도 생명이신 예수님께 나와 그분을 믿을 수 없다(44절). 죄로 인해 그들의 눈은 멀고 귀는 막혀있기 때문이다. 한편 주님의 은혜를 받은 자들, 곧 예수께 나와 그의 피를 마시고 그의 살을 먹는 자들은 영원히 살게 된다. 예수님은 하나님께서 그를 믿는 자들에게 영생을 주시기 위해 이 세상에 보내신 생명의 떡이기 때문이다.

그러므로 물을 포도주로 변화시킨 사건과 오병이어로 오천 명을 먹이신 사건은 단순한 기적이 아니었으며, 영생은 예수님의 피와 살로만 주어질 수 있음을 가리키는 표적(signs)이었던 것이다.

지금 우리는 육신을 따라 세상의 떡을 좇고 있는가, 아니면 우리에게 주신 말씀과 성령을 따라 생명의 떡을 좇고 있는가? 그 결과는 영원한 죽음과 영원한 생명으로 갈린다.

"살리는 것은 영이니 육(flesh)은 무익하니라 내가 너희에게 이른 말은 영이요 생명이라" (63절)

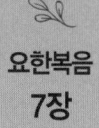

요한복음 7장

생수의 강 예수 그리스도

예수께서 서서 외쳐 이르시되 누구든지 목마르거든 내게로 와서 마시라 나를 믿는 자는 성경에 이름과 같이 그 배에서 생수의 강이 흘러나오리라(7:37, 38)

초막절은 이스라엘 백성들이 반드시 지켜야 하는 3대 명절 중의 하나로 7일 동안 계속되었으며, 제8일에는 큰 성회(聖會)가 열렸다. 이들은 이 기간 동안 매일 아침 실로암 못에서 물을 길어다 번제단 밑에 부었다. 에스겔 선지자가 장차 하나님께서 강물처럼 흐르는 성령을 보내주실 것을 예언한 것인데(겔 47:1), 이들은 에스겔서를 문자적으로 해석해 '스스로의 힘으로' 물을 길어다 부었던 것이다.

한편 예수님은 초막절에 '예루살렘으로 올라가 능력을 보임으로 자신을 나타내라' 는 형제들의 제의를 거부하신다. 하나님 나라는 보이는 기적이 아니라 예수님의 십자가로 이루어지는 것이기 때문이다.

그러나 이후 은밀히 올라가셔서 명절 끝 날에 '내가 곧 생수의 강' 이라 선포하신다. '너희들 스스로 긷는 물은 곧 마를 수밖에 없으니, 이제 곧 죽고 부활한 후 너희에게 성령(생명수)을 부어줄 나에게 오라' 초대하시는 것이다. 길이요 진리요 생명이신 하나님의 아들 예수를 믿으라는 뜻이다.

그러나 하나님이 보내신 백성이 아니면 아무도 스스로 주님께 나아올 수 없다. 타락한 인간들은 자신을 이 세상에 태어나게 하신 하나님의 영광이 아니라 자기 영광만 구하기 때문이다.

그렇다. 예수님은 이 땅에 계시는 동안 자신을 보내신 하나님의 뜻만 행했으며, 그분의 영광만을 구했다. 그러기에 예수님은 참되시며 그 안에 불의가 없는 분인 것이다(18절). 나아가 예수님뿐만 아니라, 성도들 역시 세상에 하나님(예수님)을 증거하도록 보냄을 받은 자들이다.

> "예수께서 또 이르시되 ~ 아버지께서 나를 보내신 것같이 나도 너희를 보내노라" (20:21)

그러기에 예수님께서 자신을 완전히 비우고 하나님이 하라고 하신 말씀만 하고 또 하라고 하신 일만 하신 것처럼(8:28), 성도들도 자신을 완전히 부인하고 주님께 나아가 성령의 충만을 받아야 한다. 성령께서 나를 완전히 장악하시도록 자신을 내어드려야 하는 것이다. 그런 자들은 그 생수(성령)로 말미암아 결코 목마르지 않을 것이다(39절).

그렇다. 유대인들처럼 눈에 보이는 기적을 좇거나 자기 영광을 구하는 자들은 비록 교회에 출석한다 하더라도 불신자들이다. 참된 성도는 스스로 주인 된 자리에서 내려와 예수 그리스도를 주(主, Lord)로 삼고, 내 뜻이나 내 영광이 아니라 주님의 영광을 위해 사는 사람이기 때문이다.

그러므로 오늘도 성도들은 주님께 나아가 주님이 약속하신 영원히 목마르지 않는 생수(성령)를 받아 마셔야 한다. 나아가 먼저 생수(living water)를 맛본 자들로서 오늘도 세상의 것(돈, 명예, 쾌락 등)에 목말라 하는 자들에게 이 생수를 주어 마시게 하고, 생수의 근원 되신 예수께 인도해야 한다.

> "예수께서 이르시되 이 물을 마시는 자마다 다시 목마르려니와 내가 주는 물을 마시는 자는 영원히 목마르지 아니하리니 내가 주는 물은 그 속에서 영생하도록 솟아나는 샘물이 되리라" (4:13, 14).

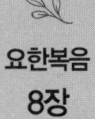

요한복음 8장

죄 없는 자가 먼저 치라

이에 일어나 이르시되 너희 중에 죄 없는 자가 먼저 돌로 치라 하시고(8:7)

대적자들이 죽이려 하지만 예수님은 성전에서 진리를 계속 가르치시며, 진리요 생명이신 자신을 믿으라 말씀하신다. 물론 하나님이 이끌어 주시지 않으면 아무도 예수께 나올 수 없다. 그럼에도 예수님은 죄인을 향한 긍휼한 마음 때문에 계속 말씀을 선포하고 계신 것이다.

그때 율법의 대표인 서기관들과 바리새인들이 예수님을 고발할 조건을 얻고자 간음 중에 잡힌 여자를 끌고 온다. 이때 예수님은 '죄가 없는 자가 먼저 돌로 치라' 말씀하시는데, 간음한 자는 반드시 죽이는 것이 모세의 율법이기 때문이다(레 20:10).

한편 예수님은 이 말씀을 하시며 땅에 무언가를 쓰셨는데, 그러자 모든 사람들이 그 자리를 떠나버린다. 하나님께서 직접 쓰신 경우는 십계명 돌판과 바벨론 왕 벨사살왕의 궁전에서 있었는데, 글씨를 쓰신 후 두 번 모두 심판이 있었다. 그날 금송아지 우상을 만든 백성 삼천 명이 죽임을 당했으며(출 32:28), 바벨론이 그날 밤에 멸망당했던 것이다(단 5:30). 이번에도 하나님(예수)께서 심판을 선포하시자 모두 도망쳤는데, 이는 곧 그들이 죄인들이었음을 반증하는 것이다.

한편 죄가 발견되었을 때 자신이 죄인임을 인정하고 주님께 나아오는 것이 살길이다. 그러나 이들은 양심의 가책을 받았으나 주님께 나오지 못하고 떠났기에, 결국 이들 중 아무도 구원받지 못했던 것이다.

그런데 그곳에 남아있는 사람이 있었으니, 자타가 죄인임을 인정했던 간음한 여인이었다. 그러자 예수님은 '나도 너를 정죄하지 아니하노니 가서 다시는 죄를 범하지 말라' 말씀하신다(11절). 구세주 예수님으로부터 죄 사함을 받은 것이다.

그러나 만약 간음한 여인을 처벌하지 않고 그냥 보낸다면, 그것은 예수께서 율법을 어긴 것이 된다. 그렇다면 '돌로 치라' 라는 율법(공의)과 '나도 너를 정죄하지 않는다' 라는 은혜 사이에 무슨 일이 있었는가? 죄 없으신 예수님께서 죄인이 되셔서, 간음한 여인을 포함한 모든 성도들의 죄의 값을 십자가에서 대신 치르셨던 것이다.

"하나님이 죄를 알지도 못하신 이를 우리를 대신하여 죄로 삼으신 것은 우리로 하여금 그 안에서 하나님의 의가 되게 하려 하심이라"(고후 5:21)

그렇다. 율법에 의하면 지금도 세상과 간음하고 있는 우리들은 돌에 맞아 죽임을 당해야 마땅하다. 그런데 예수님께서 우리 죄를 지고 십자가에서 대신 돌아가시고, 죽어야 할 우리가 살아난 것이다. 그러기에 우리는 진리이신 예수님과 하나가 되어야 한다. 그러면 그분께서 죄와 사망으로부터 우리를 자유케 하실 것이기 때문이다.

"너희가 내 말에 거하면 참으로 내 제자가 되고 진리를 알지니 진리가 너희를 자유롭게 하리라"(31, 32절)

"예수께서 대답하시되 진실로 너희에게 이르노니 죄를 범하는 자마다 죄의 종이라. 그러므로 아들이 너희를 자유롭게 하면 너희가 참으로 자유로우리라"(34, 36절)

요한복음 9장

세상의 빛 예수 그리스도

때가 아직 낮이매 나를 보내신 이의 일을 우리가 하여야 하리라 밤이 오리니 그때는 아무도 일할 수 없느니라 내가 세상에 있는 동안에는 세상의 빛이로라(9:4, 5)

예수님께서 나면서부터 맹인된 사람의 눈을 뜨게 해주신다. 이를 통해 영적 맹인으로 태어난 죄인인 우리들이 어떻게 영적인 눈을 뜨게 되는가를 보여주고 계신다.

예수님께서 먼저 맹인을 보셨다(1절). 왜냐하면 맹인은 예수님을 볼 수가 없기 때문이다. 그리고 여기서 보셨다는 것은 단순히 보셨다는 것이 아니라 '미리 알고 계셨다' 는 뜻이다. 이렇게 영적 맹인인 우리 인간은 구세주께서 친히 찾아와 주시지 않으면 구원받을 방법이 전혀 없다. 구원은 하나님의 일방적이며 전적인 은혜인 것이다(irresistible grace).

그리고는 땅에 침을 뱉어 진흙을 이기신다. 이는 하나님이신 예수님(침)께서 한갓 티끌(진흙)에 지나지 않는 인간이 되시고(成肉身), 그들과 섞여 그들과 같이 되셨음을 의미한다.

> "그는 근본 하나님의 본체시나 하나님과 동등됨을 취할 것으로 여기지 아니하시고 사람의 모양으로 나타나사 자기를 낮추시고 죽기까지 복종하셨으니 곧 십자가에 죽으심이라" (빌 2:6, 8)

또 그 진흙을 맹인의 눈에 발랐다는 것은 그가 진짜 맹인임을 확증하는 행위이다. 정상인 사람도 눈에 진흙을 바르면 아무것도 볼 수 없는데, 맹인의 눈에 발랐으니 그가 볼 수 있는 가능성은 전혀 없는 것이다. 이렇게 죄인인 우리 인간의 힘으로는 스스로 눈을 뜰 수 있는 방법은 전혀 없다.

그리고는 눈에 진흙을 바른 맹인에게 '실로암(보냄을 받았다) 못에 가서 씻으라' 말씀하셨으며, 그 말씀에 순종한 그 사람은 밝은 눈으로 돌아왔다. 물은 곧 말씀을 의미하는데, 영적인 맹인들의 눈은 오직 복음(말씀이신 예수)에 의해서만 떠질 수 있음을 말씀하신 것이다.

그렇다. 예수님은 하나님의 뜻을 행하도록 이 땅에 보내심을 받으셨으며(4절), 그 뜻에 전적으로 순종하는 삶을 사셨다. 하나님의 본체이신 그분이 흙으로 지어진 인간과 같이 되시고, 종으로 낮아지신 것이다(빌 2:7). 그 결과 그분은 이 땅에서 가장 낮은 삶을 사시고, 저주의 나무인 십자가에 달려 돌아가셨는데, 그것이 하나님의 뜻을 이루는 방법이었기 때문이다.

그러나 그런 예수님의 삶은 곧 맹인처럼 어둠(죄악)에 묻힌 자들을 빛(진리, 생명)으로 나아오게 하시는 '세상의 빛' 으로서의 삶이었다.

한편 이 눈 뜬 맹인은 주위의 여러 협박과 위협 속에서도 예수님의 구세주 되심을 증거했다. 이 맹인처럼 성도들 또한 '생명의 빛' 되신 예수님을 세상에 증거하도록 보내심을 받은 자들이다. 그러기에 그 과정 속에서 많은 핍박과 환난을 받게 될 것이다. 그러나 이는 우리가 하나님의 자녀라는 증거이며, 그런 자들에게는 살아계신 주님께서 영원히 함께하실 것이다.

> "이것을 너희에게 이르는 것은 너희로 내 안에서 평안을 누리게 하려 함이라 세상에서는 너희가 환난을 당하나 담대하라 내가 세상을 이기었노라" (16:33)

요한복음 10장

선한 목자이신 예수 그리스도

나는 선한 목자라 나는 내 양을 알고 양도 나를 아는 것이 아버지께서 나를 아시고 내가 아버지를 아는 것 같으니 나는 양을 위하여 목숨을 버리노라(10:14, 15)

이 세상 모든 만물은 하나님 나라에 있는 것들의 모형과 그림자이며, 성도들을 하나님의 자녀로 만들어가는 데 쓰기 위해 지으신 것들이다.

양(羊)도 마찬가지인데, 양은 성도들의 모습을 너무도 생생하게 보여준다. 먼저 양은 미련하고 무능력하다. 그러기에 목자가 없이는 살아갈 수가 없다. 반면에 청각은 놀랍도록 발달해서 주인의 음성을 알아듣고 주인의 부름에만 따른다(4, 5절). 물론 이런 능력은 당연히 조물주 하나님께서 주신 것이다.

그렇다. 성도들은 양과 같은데, 이사야는 그런 성도들의 모습을 이렇게 묘사한다.

> "우리는 다 양 같아서 그릇 행하여 각기 제 길로 갔거늘 여호와께서는 우리 모두의 죄악을 그(예수)에게 담당시키셨도다" (사 53:6)

한편 아벨, 야곱, 요셉, 모세 그리고 다윗은 선한 목자이신 예수님을 예표하는 인물들이다. 이들은 양을 열심히 돌봤는데, 아벨은 예수님처럼 악한 형제 가인에게 죽임당했으며, 다윗은 자기 양을 살리기 위해 목숨을 아끼지 않았다(삼상 17:34, 35). 선한 목자는 이렇게 자기 양을 위해 목숨을 아끼지 않는데, 실제로 예수님은 자기 양들을 위해, 즉 그들을 구원하기 위해 십자가에 달려 돌아가셨다.

이와는 달리 양을 치기는 하나 자기 이익을 위해 하는 자들이 있으니, 이들이 바로 삯꾼들이다. 예수님 당시의 바리새인들이 이들인데, 주님은 이들을 절도요 강도라 부르셨다. 하나님이 이스라엘 백성이라는 양을 맡기셨으나, 이들은 자기의 이익을 위해 그 양들을 도둑질하고 죽이고 멸망시켰기 때문이다 (10절). 이들은 천국 문을 닫고 자신들도 들어가지 않고 들어가려 하는 자도 들어가지 못하게 막았던 것이다(마 23:13).

오늘날에도 이런 삯꾼들이 많다. 이들은 목자(목사)라는 타이틀을 가지고는 있다. 그러나 일보다는 삯을 더 사랑하는 자들로서 생명이신 예수와 십자가를 가르치는 것이 아니라 세상 것을 주겠다고 약속하며 자기 유익을 추구한다. 이들의 정체는 위기가 닥쳤을 때 드러나는데, 이리(성도들의 대적)가 오는 것을 보면 금방 양을 버리고 달아난다. 그리고 삯꾼과 및 그렇게 자기 정욕을 따라 삯꾼을 좇아간 자들은 결국 멸망당할 수밖에 없다.

이와는 달리 주님의 은혜로 눈 뜬 맹인처럼 비록 세상에서 환난을 당하지만 끝까지 주님을 따르는 자들이 있는데, 이들에게는 영생이 주어질 것이다. 왜냐하면 양(성도)의 주인이신 하나님께서는 만유(萬有)보다 크시기에 그 손에서 양을 빼앗을 수 있는 자는 없기 때문이다(29절).

한편 양들(성도들)이 목자의 음성을 들을 수 있는 것은 전적인 주님의 은혜이며, 주님께서도 그들 한 사람 한 사람을 다 아신다. 그들은 창세전에 택함받은 자들로서 이 세상에 잠시 훈련받도록 보냄을 받은 자들이기 때문이다.

선한 목자이신 예수 그리스도를 좇아 영생을 받을 것인가, 아니면 삯꾼들을 좇다가 멸망당할 것인가?

> "내 양은 내 음성을 들으며 나는 그들을 알며 그들은 나를 따르느니라 내가 그들에게 영생을 주노니 영원히 멸망하지 아니할 것이요" (27, 28절)

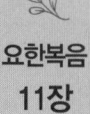

요한복음 11장

나는 부활이요 생명이니

예수께서 이르시되 나는 부활이요 생명이니 나를 믿는 자는 죽어도 살겠고 무릇 살아서 나를 믿는 자는 영원히 죽지 아니하리니 이것을 네가 믿느냐(11:25, 26)

사도 요한은 예수께서 죽은 나사로를 살리신 표적을 말하기 전에 예수님께 향유(香油)를 부은 마리아 이야기를 먼저 언급하고 있다. 죽은 나사로를 살리신 표적은 장차 십자가에 달려 죽고 부활 승천하실 예수님의 이야기이기 때문이다.

한편 예수님은 나사로가 죽을 것이라는 것을 아셨음에도 요단강 동편에 이틀을 더 머무신다. 즉 제삼일에 요단강을 건너오셨는데, 이는 여호수아(=예수)가 이스라엘 백성을 이끌고 제삼일에 요단강을 건넌 사실을 회상하게 하는 일이다(수 3:2). 동시에 이제 곧 예수께서 죽은 지 사흘 만에 부활하셔서 천국(가나안)에 입성하실 것을 미리 보여주신 것이다.

또한 예수께서 이렇게 지체하신 것은, 무덤 문을 열었을 때 시신 썩은 냄새가 진동하는 것과 함께 나사로의 부활은 완전한 죽음으로부터의 부활임을 보여주시기 위한 것이기도 하다. 동시에 구원받기 전의 죄인들의 상태가 바로 무덤 안에 있는 썩은 나사로의 상태와 같음을 보여주시기 위한 것이기도 한데, 모든 인간은 죄와 허물로 죽어있는 상태이기 때문이다.

그렇다. 생명의 주인이신 예수님께서는 그런 죽은 자들에게 영원한 생명을 주시기 위해 오신 분이다. 그리고 이제 새로운 시대 즉 '살아서 예수를 믿는 자는 영원히 죽지 않는' 새로운 시대가 열렸다. 흔히들 숨이 끊어진 상태를 죽었다고 표현을 하지만 이는 몸의 상태가 변화된 것일 뿐이며, 믿는 자들은 지금도 이미 영생을 살고 있는 것이다. 할렐루야!

한편 나사로가 죽도록 내버려두신 이유를 '너희로 믿게 하려 함이라' 이라 말씀하신다(15절). 이제 곧 예수님께서는 제자들을 떠나게 될 텐데, 그때 이들에게 필요한 것이 바로 믿음이기 때문이다. 구약 시대에는 모든 것을 오감(五感)으로 보고 느껴야 했지만, 이제는 믿는 자들에게 '믿음의 눈'을 주신 것이다.

나아가 이렇게 죽은 나사로가 살아나는 표적을 보았음에도 사람들은 예수님을 믿기는커녕 죽이기로 모의한다(53절). 이를 보건대 기적이 믿음에 도움이 될 수 있다는 말은 거짓이며, 지금도 기적을 좇는 자들은 불신자일 가능성이 매우 높다는 것을 명심해야 한다.

이렇게 예수님께서는 사망에 매여 종노릇하던 우리를 풀어놓아 다니게 하시려 이 세상에 오셨으며(44절), 십자가에 달려 죽으심으로 우리의 죗값을 치러 주시고 부활하심으로 그 일을 완성하셨다.

그러므로 이제 모든 성도들은 죽음을 이긴 하나님의 자녀로서 죽음과 그 증상들을 두려워하지 말고, 아직도 사망의 종노릇을 하고 있는 불신자들에게 부활이요 생명이신 예수 그리스도를 전해야 한다. 그런 자들은 하나님의 영광을 보게 될 것이다.

> "예수께서 이르시되 내 말이 네가 믿으면 하나님의 영광을 보리라 하지 아니하였느냐 하시니"(40절)

요한복음 12장

참다운 헌신은 자신을 드리는 것

자기의 생명을 사랑하는 자는 잃어버릴 것이요 이 세상에서 자기의 생명을 미워하는 자는 영생하도록 보전하리라(12:25)

사람들은 악착같이 살아남으려 하며, 돈, 자식, 권력 등이 그 수단이 되어줄 것으로 생각한다. 그러나 예수 그리스도를 믿는 것, 즉 자신을 완전히 비우고 생명이신 예수로 채우는 방법 외에 영원히 살 수 있는 방법은 없다.

그렇게 자신을 비운 사람이 있었으니 나사로의 여동생 마리아였다. 예수께서 방문하셨을 때 그녀는 지극히 비싼 향유를 예수님의 발에 붓고 자기 머리털로 닦아드린다. 머리는 사람에게 가장 중요한 부분인데, 그 머리털로 발을 닦음으로써 예수님에 대한 감사, 존경 그리고 절대적인 복종을 표시한 것이다. 머리를 꼿꼿이 세워 자기 체면을 세우는 세상적인 면에서 보면 그런 태도는 마치 죽음과도 같은 일이었는데, 마리아는 그 일을 기꺼이 했던 것이다.

한편 기름은 집에 온 손님에게, 왕, 제사장, 선지자의 성별(聖別)식 때 그리고 장례식 때 시신에 부어졌는데, 예수님은 마리아의 기름부음을 '내 장례를 위한 것'이라 말씀하셨다(7절). 마리아는 자기도 모르는 사이에 예수님의 장례를 준비한 것이며, 그로 인해 자신도 기름부음을 받게 되었다. 머리털로 예수님 발에 묻은 기름을 닦았기에, 기름이 자기 머리에도 묻게 된 것이다.

그렇다. 헌신(獻身)은 이렇게 예수께서 사막의 음침한 골짜기를 지날 때 동행하는 것이며, 그분의 죽음에 동참하는 것이다. 많은 사람들이 '자신의 유익을 위해' 헌금, 헌신, 봉사를 열심히 한다. 그러나 이런 잘못된 열심은 사람들에게 칭찬을 받을지 모르나 하나님에게는 모욕이다. 왜냐하면 하나님을 자신의 탐욕을 이루기 위한 수단으로 생각하는 것이기 때문이다.

한편 이때 헬라인 몇 사람이 '예수를 뵙기 위해' 왔는데, 그 말을 들은 예수님은 '인자가 영광을 받을 때가 왔다' 말씀하신다. 이제 십자가에 달리실 때가 되었다는 뜻이다.

지금 우리는 무엇을 위해 신앙생활을 하는가?
참된 믿음 생활이란 종교적 열심을 통해 내 뜻을 이루는 것이 아니라 헬라인들처럼 '길이요 진리요 생명 되신 예수를 뵙는 일'이다. 그리고 그렇게 하려면 자신이 아니라 예수님만을 사랑해야 한다. 이처럼 자신에 대해 죽고(自己 否認) 오직 예수만을 사랑하는 자들에게만 영생이 주어질 것이다.

> "내가 진실로 진실로 너희에게 이르노니 한 알의 밀이 땅에 떨어져 죽지 아니하면 한 알 그대로 있고 죽으면 많은 열매를 맺느니라" (24절)

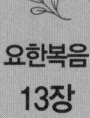

요한복음 13장

제자들의 발을 씻어주신 예수님

내가 주와 또는 선생이 되어 너희 발을 씻었으니 너희도 서로 발을 씻어 주는 것이 옳으니라(13:14)

하나님 아버지 곁을 떠나 이 땅에 오셨던 예수님은 이제 아버지께로 돌아가실 때가 이른 줄 아셨다(1절). 그리고 하시던 유월절 식사를 멈추고 일어나 제자들의 발을 직접 씻어주셨는데, 이는 당시 가장 천한 종이 하던 일이었다. 하나님이신 예수님께서 친히 종이 되셔서 죄인들을 섬겨주신 것이다.

> "오히려 자기를 비워 종의 형체를 가지사 사람들과 같이 되셨고 ~ 자기를 낮추시고 죽기까지 복종하셨으니 곧 십자가에 죽으심이라" (빌 2:7, 8)

이때 제자들(성도들)을 대표하는 베드로가 나서서 주님이 하시는 일에 이의를 제기한다. 그러자 예수님은 '내가 너를 씻어주지 않으면 나와 상관이 없다' 말씀하신다. 그리고 '이미 목욕한 자는 발밖에 씻을 필요가 없느니라. 온몸이 깨끗하니라' 말씀하신다. 즉 참제자들은 영원(묵시) 속에서 예수님의 피로 온몸이 이미 깨끗하게 씻겼음을 말씀하신 것이다.

그렇다. 성도들은 그리스도 안에서 이미 법적으로 죄 씻음을 받았으며(히 10:14), 믿음으로 의롭다 하심을 받았다. 그러나 성도들은 아직 죄악된 세상에서 살고 있으며, 아직도 죄의 흔적이 남아있기에 수시로 그것들을 물로 깨끗이 씻어야 한다. 여기서 물은 하나님 말씀을 의미하는데(시 119:9, 엡 5:26), 실제로 예수님께서는 우리를 위해 십자가에서 피와 물을 흘려주셨다.

> "그중 한 군인이 창으로 옆구리를 찌르니 곧 피와 물이 나오더라" (19:34)

예수님께서는 계속해서 '너희도 서로 발을 씻어주는 것이 옳다' 말씀하신다. 그렇다면 오늘날 우리도 실제로 서로 발을 씻어줘야 한다는 말인가?

아니다. 구원은 예수님에 의해 이미 이루어졌기에, 구원을 위해 우리가 서로 해줘야 할 일은 전혀 없다. 서로 발을 씻긴다는 말은, 우리는 이미 예수님의 피로 씻김을 받은 자임을 잊지 말고 그런 신분에 맞는 삶을 살도록 서로 권면하고 격려하라는 뜻이다.

또한 연약한 우리는 이 세상에 사는 동안 죄를 지을 수밖에 없다. 그러나 비록 죄를 지었을 때라도 말씀을 통해 모든 죄가 이미 사해졌음과 이를 위해 주님께서 십자가에 달리셨음을 확인하고, 다시 한번 새로운 삶을 살기로 결단해야 한다. 그리고 더 나아가 지체가 죄를 범했을 때도 인내하며 그가 회복할 수 있도록 기도하며, 말씀을 들려줘야 한다.

"형제들아 사람이 만일 무슨 범죄한 일이 드러나거든 신령한 너희는 온유한 심령으로 그러한 자를 바로잡고 너 자신을 살펴보아 너도 시험을 받을까 두려워하라 너희가 짐을 서로 지라 그리하여 그리스도의 법을 성취하라" (갈 6:1, 2)

요한복음 14장

예수 그리스도, 하나님께로 가는 유일한 길

예수께서 이르시되 내가 곧 길이요 진리요 생명이니 나로 말미암지 않고는 아버지께로 올 자가 없느니라(14:6)

예수께서 떠나겠다고 말씀하시자 제자들은 몹시 두려워한다. 이들은 영적으로 볼 때 아직은 마치 어린아이와 같았으며, 그동안 큰 능력을 베푸시며 보호해 주시던 분이 이제 더 이상 곁에 계시지 않는다고 생각하자 덜컥 겁이 났던 것이다.

그러나 사실 성자 예수님은 우리 죄를 대속하기 위해 잠시 보좌를 떠나 이 세상에 오셨기에, 당연히 아버지 하나님에게로 돌아가셔야만 한다. 왜냐하면 그분이 원래 자리로 돌아가셔야(昇貴) 비로소 또 다른 보혜사이신 성령께서 오실 수 있으며, 성령이 오셔야 성도들의 성화가 이루어지고, 예수님보다 더 큰 일(복음 전파)을 할 수 있기 때문이다.

그렇다. 성령은 단순히 어떤 능력이나 물질이 아니다. 그분은 삼위일체 하나님 중의 한 분이시며, 예수 그리스도의 영으로서 예수님께서 말씀하신 모든 것을 생각나게 하시고, 성도들에게 모든 것을 가르치시는 보혜사(the Counselor)이시다(26절).

한편 빌립이 하나님을 보게 해 달라고 요청하자 주님께서는 '나를 본 자는 아버지를 보았다' 말씀하신다(9절). 왜냐하면 예수님은 하나님이 어떤 분이신지를 알려주시려고 오신 하나님의 본체이시기 때문이다(히 1:1~3). 실제로 예수님은 이 세상에 계시는 동안 하나님께서 하라고 하신 말씀만 하고, 하라고 하신 일만 하셨다. 오죽 했으면 '내가 너희에게 이르는 말은 스스로 하는 것이 아니라 아버지께서 내 안에 계셔 그의 일을 하시는 것' 이라 말씀하셨겠는가?(10절).

그리스도인 또한 그 안에 그리스도의 영인 성령이 내주하는 사람으로서, 자신의 뜻이나 생각이 아니라 그리스도께서 성령을 통해 하라고 하시는 말과 일만을 해야 하는 사람들이다.

물론 아직은 불완전하며 또 성화의 과정 중에 있기에, 모든 것을 성령의 뜻대로 행할 수는 없다. 그러나 모든 성도들은 반드시 예수님의 자리(절대 순종의 자리)로 가야 하며 또 그렇게 될 수밖에 없는데, 그것이 하나님의 약속이기 때문이다.

그리고 예수께서 아버지께로 가신 목적 중의 하나는 우리를 위한 처소를 예비하시는 것인데, 지금 성령을 통해 그 일, 즉 죄를 없애는 일을 하고 계시다(聖化). 왜냐하면 거룩하신 하나님은 죄와 동거하실 수 없기 때문이다. 그러므로 우리는 매 순간 주님의 도우심을 받아 죄와 싸워야 한다.

그러나 육신을 입고 있는 한 완전히 깨끗해질 수는 없기에, 우리는 예수 그리스도를 믿음으로 말미암아 주어지는 의의 옷을 입어야 비로소 거룩하신 하나님께 나아갈 수 있다. 이렇게 예수 그리스도 만이 생명의 주인이신 하나님께 나아갈 수 있는 유일한 길이다.

"보혜사 곧 아버지께서 내 이름으로 보내실 성령 그가 너희에게 모든 것을 가르치고 내가 너희에게 말한 모든 것을 생각나게 하리라" (26절)

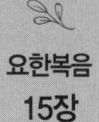

요한복음 15장

나는 참포도나무요

나는 포도나무요 너희는 가지라 그가 내 안에, 내가 그 안에 거하면 사람이 열매를 많이 맺나니 나를 떠나서는 너희가 아무 것도 할 수 없음이라(15:5)

성경에서 이스라엘은 포도나무로 비유된다(시편 80:8). 그러나 문제는 그 포도나무가 주인이 원하는 열매를 맺지 못하고 들포도를 맺었다는 데 있다(사 5:2).

이런 악한 포도나무와 비교해 예수님은 자신을 '참포도나무'라 말씀하신다. 예수님은 농부이신 하나님께서 원하시는 열매를 맺으시는 분이기 때문이다.

한편 성도들은 포도나무에 붙어있는 가지에 비유된다. 실제로 열매를 맺는 것은 포도나무이며, 성도들은 그 열매를 달고 있을 뿐인 것이다. 그러므로 가지가 나무에 붙어있기만 하면 열매는 자동적으로 열리게 된다. 가지가 나무를 택한 것이 아니라 나무가 가지를 낸 것이기 때문이다.

> "너희가 나를 택한 것이 아니요 내가 너희를 택하여 세웠나니 이는 너희로 가서 열매를 맺게 하고"(16절)

그러기에 우리는 참포도나무이신 주님 안에 거하기를 힘써야 한다. 가지가 포도나무에 붙어있지 않으면 스스로 열매를 맺을 수 없기 때문이다.

주님 안에 거한다는 말은 주님과의 지속적인 교제를 의미한다. 이는 곧 주님의 완전한 희생의 가치와 보혈의 효력을 인식하며, 나의 무력함을 인정하고 전적으로 그분만을 의지하는 것이며, 자신을 비우고 그분만으로 채우는 것이다. 이렇게 우리가 그분 안에 거할 때 곧 그분과 교제할 때, 그분께서 친히 열매(성령의 열매 = 자기 부인 = 순종)를 주렁주렁 맺으시는 것이다.

그러기에 주님 안에 거했던 바울과 실라는 빌립보 감옥에 갇혀서도 기뻐하며 주님을 찬양했으며(행 16:25), 바울은 '그리스도께서 나를 통하여 역사하신 것 외에는 말하지 않겠다'(롬 15:18) 고백했던 것이다. 모든 열매는 주님께서 친히 맺으신 것이기 때문이다.

그렇다. 우리는 자신을 완전히 비워야 하며, 그렇게 해야 주님과 연합해 많은 열매를 맺을 수 있다. 한편 이렇게 모든 것을 주님께서 친히 이루시는 것임에도 우리에게 '계명(말씀)을 지키라' 말씀하시는 이유는 우리에게 기쁨을 주시기 위함이다. 스스로 구원을 얻기 위해 억지로 지키는 것이 아니라 주님을 사랑하기에 계명(서로 사랑하라)을 지킬 때, 우리는 참된 기쁨을 맛볼 수 있기 때문이다.

"너희도 내 계명을 지키면 내 사랑 안에 거하리라 내가 이것을 너희에게 이름은 내 기쁨이 너희 안에 있어 너희 기쁨을 충만하게 하려 함이라"(10, 11절)

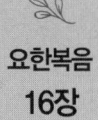

요한복음 16장

성령께서 하시는 일

그(성령)가 와서 죄(罪)에 대하여, 의(義)에 대하여, 심판(審判)에 대하여 세상을 책망하시리라(16:8)

예수님께서 곧 떠나시겠다는 말을 들은 제자들은 매우 두려워한다. 그러나 예수님이 그들 곁을 떠나시는 것이 유익한데, 예수님은 아버지 하나님께로 돌아가서(昇貴) 그들에게 보혜사 성령을 보내주실 것이기 때문이다(7절). 그리고 그 약속대로 예수님은 성령을 보내주셨으며, 그 성령은 지금도 우리와 함께하며 우리의 구원을 이루어가고 계시다.

한편 성령께서 이 세상에 오셔서 하시는 일은 '죄와 의와 심판에 대하여 세상을 책망하시는 일'이다. 여기서 '책망하다'는 '고소하다'라는 뜻으로 법정에서 쓰던 용어이다. 하나님께서 장차 최후의 심판을 하실 때 십자가를 기준으로 심판을 하시겠다는 뜻인 것이다.

'죄에 대하여라 함은 그들이 나를 믿지 아니함이요'

먼저 성령은 죄에 대해 세상(믿지 않는 세상 및 성도들 안에 남아있는 세상)을 고소하신다. 우리는 흔히 죄를 윤리도덕적인 것으로 생각하는데, 예수님은 '나를 믿지 않는 것이 죄'라 말씀하신다(9절). 예수를 믿지 않는다는 것은 지금까지 믿고 의지하던 죄악된 세상을 믿는다는 뜻인데, 그것이 곧 죄라는 것이다. 예수님(십자가)만이 마지막 날 죄를 판단하는 기준이기 때문이다.

'의에 대하여라 함은 내가 아버지께로 가니 너희가 나를 보지 못함이요'(10절)

바리새인과 서기관으로 대표되는 세상 세력은 자신들이 의롭다는 생각으로 예수를 십자가에 못 박아 죽였다. 그러나 예수님은 부활해서 아버지께로 올라가셨다. 결국 세상은 십자가로 말미암아 예수님의 의로우심과 자신들의 불의함을 스스로 드러내고 말았던 것이다.

'심판에 대하여라 함은 이 세상 임금이 심판을 받았음이라' (11절)

이런 가르침 후 이제 곧 예수님은 십자가에 달려 죽으실 것이다. 그러면 세상 임금(사탄)은 자신이 승리한 것으로 알고 기뻐 뛸 것이다. 그러나 십자가는 예수님의 패배가 아니라 진정한 승리였다. 즉 예수님께서 십자가에 달리셨을 때 세상 임금은 이미 심판을 받은 것이며, 더 이상 성도들을 고소할 힘을 완전히 잃었던 것이다(창 3:15, 여인의 후손은 네(뱀=사탄) 머리를 상하게 할 것이요).

"통치자들과 권세들을 무력화하여 드러내어 구경거리로 삼으시고 십자가로 그들을 이기셨느니라" (골 2:15)

그렇다. 보혜사 성령은 이 세상에 오셔서 예수를 믿지 않는 세상과 성도들 안에 있는 세상(죄의 흔적)을 고소하신다. 그러나 세상은 성령을 알지 못하기에 절대로 죄를 깨닫거나 회개할 수 없으며, 결국 준엄한 심판을 받고 영원히 지옥에 떨어질 수밖에 없다. 한편 성도들은 성령께 끊임없이 고소당함으로 말미암아 점점 더 죄와 멀어지게 되며, 남아있는 죄 또한 예수님의 십자가 은혜로 사함을 받았기에 하나님의 무서운 심판을 받지 않게 되는 것이다.

오늘도 성령은 말씀과 여러 가지 상황을 통해 우리의 죄를 들추어내고 깨닫게 하신다. 이 때 우리는 변명하거나 도망치지 말고 십자가 앞에 엎드려 회개해야 한다. 주님께서 그런 우리를 용서하시고 새롭게 해주실 것이다.

예수님의 대제사장적 기도

요한복음 17장

아버지께서 아들에게 주신 모든 사람에게 영생(永生)을 주게 하시려고 만민을 다스리는 권세를 아들에게 주셨음이로소이다(17:2)

모든 사람들은 영생불사하기를 원하며, 이를 위해 온갖 수단과 방법을 가리지 않는다. 그러기에 진시황은 불로초(不老草)를 구하기 위해 온 천지에 사람들을 보냈던 것이다. 한편 성경에 의하면 모든 사람은 부활하여 영생을 살게 되어 있다.

> "선한 일을 행한 자는 생명의 부활로, 악한 일을 행한 자는 심판의 부활로 나오리라" (요 5:29)

문제는 어디에서 사느냐 하는 것인데, 선한 일(예수 그리스도를 믿는 일)을 행한 자는 천국에서 그리고 악한 일(믿지 않는 자)을 행한 자는 지옥의 고통 속에서 '영원히' 살게 된다는 것이다. 그러기에 영생(永生, eternal life)은 단순히 영원히 사는 것이 아님을 알 수 있다.

그렇다면 영생이란 어떤 삶을 말하는 것인가? 생명 그 자체이신 하나님의 말씀(뜻)에 순종하는 삶, 즉 창조의 목적대로 사는 삶을 말한다. 오직 하나님만이 완전하고 선하신 분이시기 때문이다. 이런 면에서 첫 사람 아담이 선악과를 따먹었다는 것은 곧 말씀을 거역한 것이고 그것이 곧 죄이며, 그 결과 죽음이 오게 된 것이다. 그러므로 하나님 말씀에 완전하게 순종할 수 있다면, 그 사람은 영생을 살 수 있게 되는 것이다.

그러나 불행히도 아담의 후손으로 태어나는 인간 중에는 말씀을 완전하게 지킬 수 있는 자가 없으며, 오히려 영적으로 죄 가운데 죽어서 태어난다(시 51:5). 그러기에 생명이신 주님께서 우리를 찾아오셔서 살려주시지 않으면 우리는 생명을 얻을 수 없으며, 당연히 영생을 살 수 없는 것이다.

한편 자신들이 어떻게 살아났는지는 오직 은혜로 구원을 받은 자들만이 알수 있다. 그럼에도 그들 속에는 아직도 죄의 흔적이 남아있기에 이 세상에서는 끊임없이 주님의 뜻이 아닌 내 뜻대로 살아가려 한다. 그러기에 우리는 항상 말씀을 통해 내가 얼마나 큰 죄인인지 그리고 어떻게 십자가로 구원을 받았는지를 묵상하고 또 기억해야 한다. 그렇게 하는 사람만이 말씀으로 죄를 씻고 거룩하신 하나님과 하나가 될 수 있는데, 그렇게 영존하시는 하나님과 하나가 되는 것이 곧 영생이다.

물론 주님과 하나 되는 일은 자신을 부인하고 십자가를 지는 일이기에 결코 쉽지는 않다. 그러나 중보자이신 예수 그리스도께서 지금도 하나님 우편에서 우리를 위해 중보 기도하고 계시기에, 우리는 반드시 주님과 하나 되는 자리로 가게 될 것이다. 그리고 그렇게 살아낸 우리들은 주님과 함께 새 하늘과 새 땅에서 주님 뜻에 절대적으로 순종하는 영생의 삶을 살게 될 것이다.

그러므로 우리는 살아있는 동안 은혜의 하나님과 구세주 예수 그리스도와 그분의 십자가를 알아가는 일에 진력해야 한다.

"영생은 곧 유일하신 참하나님과 그가 보내신 자 예수 그리스도를 아는 것이니이다" (3절)

요한복음 18장

예수님의 끝까지 사랑

이는 아버지께서 내게 주신 자 중에서 하나도 잃지 아니하였사옵나이다 하신 말씀을 응하게 하려 함이러라(18:9)

아버지 하나님께 대제사장적 기도를 드린 예수님은 이제 대제사장으로서의 역할을 몸소 실천하신다. 가룟 유다의 인도하에 군대가 겟세마네 동산으로 왔을 때 제자들을 친히 보호하셨던 것이다.

이 때 예수님은 '너희가 누구를 찾느냐' 물으시며 그들이 '나사렛 예수' 라 대답했을 때, '내가 그니라' 말씀하신다. '내가 그니라(ego eimi)' 라는 말은 하나님께서 '나는 스스로 있는 자이니라' (출 3:14) 하셨을 때 쓰신 단어로서, 예수님은 지금 자신이 하나님이심을 선포하고 계신 것이다. 그리고 그 대답 한마디에 예수님을 잡으러 왔던 자들이 물러가서 땅에 엎드러졌다(6절). 그 순간 하나님의 전능하신 능력이 드러난 것인데, 이제 곧 예수의 죽으심(십자가)으로 세상 임금이 심판받을 것임을 보여주신 사건이다(16:11).

그리고 예수님은 '나를 찾거든 이 사람들이 가는 것을 용납하라' 말씀하심으로 제자들을 보호하셨다. 제자들 대신 하나님이신 예수님이 잡히심으로 말미암아 제자들이 원수의 손에서 풀려났던 것이다. 이것이 주님의 끝까지 사랑이다.

> "유월절 전에 예수께서 자기가 세상을 떠나 아버지께로 돌아가실 때가 이른 줄 아시고 세상에 있는 자기 사람들을 사랑하시되 끝까지 사랑하시니라" (13:1)

그리고 자신의 안위를 위해 주님을 세 번씩이나 부인하는 베드로 같은 우리들을 구원하시기 위해 지렁이만도 못한 피조물인 인간들에게 온갖 조롱과 고초를 당하신 것이다.

그렇다. 주님께서는 전지전능한 능력으로 지금도 성도들을 지키고 계시며, 그들을 반드시 새 하늘과 새 땅으로 인도하실 것이다.

그러나 주님의 보호하심은 성도들을 세상으로부터 건지거나 성도들에게 세상적인 승리를 주시는 것은 아니며, 다만 악에 빠지지 않게 보전하신다(17:15). 이는 이 세상에서 온갖 세상의 죄와 악을 경험함으로써 세상에서 눈을 떼고 주님만을 바라보며, 자기를 부인하고 오직 주님만을 의지하는 자로 지어가시기 위한 것이다. 왜냐하면 주님의 나라는 이 세상에 속한 것이 아니기 때문이다(36절).

예수님은 우리 대신 악의 세력에 붙잡히심(십자가에 달리심)으로 우리를 풀어주셨다. 나사로를 사망으로부터 풀어놓게 하신 것처럼 우리를 죄와 사망에서 건져주신 것이다.

> "그가 찔림은 우리의 허물 때문이요 그가 상함은 우리의 죄악 때문이라 그가 징계를 받으므로 우리는 평화를 누리고 그가 채찍에 맞으므로 우리는 나음을 받았도다" (사 53:5)

한편 예수님께서 대제사장이신 것처럼 모든 성도들 또한 왕 같은 제사장들이다(벧전 2:9). 그러므로 대제사장이신 주님의 십자가 사랑으로 죄와 사망에서 풀려난 우리들 역시, 우리 이웃을 생명으로 인도하기 위해 우리 전부를 드려야 한다.

> "그러므로 형제들아 ~ 너희 몸을 하나님이 기뻐하시는 거룩한 산 제물로 드리라 이는 너희가 드릴 영적 예배니라" (롬 12:1)

요한복음 19장

우리 대신 저주의 십자가에 달린 하나님 예수

빌라도가 이르되 너희가 친히 데려다가 십자가에 못 박으라 나는 그에게서 죄를 찾지 못하였노라(19:6)

예수님을 심문한 본디오 빌라도는 예수께 죄가 없음을 알고, 여러 번 석방하려 했다. 그러나 결국 그는 자신의 이익을 위해 예수를 십자가에 달도록 유대인들에게 넘겨준다. 여기서 빌라도는 역사적인 인물이지만, 동시에 자신을 위해서는 하나님까지도 서슴지 않고 십자가에 못 박을 수 있는 우리들을 상징하는 인물이다.

그런데 놀랍게도 이렇게 빌라도로 하여금 예수님을 놓아주지 못하도록 막으신 분은 바로 하나님 아버지이시다. 죄에 빠져 죽을 수밖에 없는 성도들을 살리기 위해서는 죄 없는 사람이 죗값을 치러야 하는데, 그런 분은 하나님이면서 사람으로 오신 예수님 한 분밖에는 없기 때문이다. 예수께서 죄인인 우리에게 내려져야 할 하나님의 무서운 저주를 친히 온몸으로 받으신 것이다(신 21:23, 나무에 달린 자는 하나님께 저주를 받았음이라).

결국 예수님은 유대주의(=인본주의, 율법주의)자들의 손에 의해 저주의 십자가에 달려 돌아가셨다. 일방적으로 주어지는 하나님의 은혜보다는 자신들의 '잘못된 옳은 행위'를 더 중요하게 여기는 자들에게 죽임을 당하신 것이다.

> "율법의 행위에 의지하는 사람은 누구나 다 저주 아래 있습니다. 기록된바 '율법책에 기록된 모든 것을 지키지 않는 사람은 다 저주 아래 있다' 하였습니다." (갈 3:10, 표준 새번역)

더 나아가 무심하고 잔인한 인간들은 그분의 옷까지 나누어 가졌다. 아니 예수님께서 스스로 자신의 의의 옷을 벗어 죄인인 우리에게 입혀주신 것이다

(창 3:21, 여호와 하나님이 아담과 그의 아내를 위하여 가죽옷을 지어 입히시니라). 그리고 그 은혜의 옷(의의 옷)을 입고 우리는 천국에 입성하게 되는 것이다(계 19:8, 세마포 옷 = 옳은 행실).

예수님은 유대인의 왕 곧 만왕의 왕이시다(19절). 그런데 그 만왕의 왕께서 우리의 목마름을 가져가시고(28절), 우리를 위해 물과 피를 다 쏟으셨다(34절). 그분의 보혈로 우리의 과거, 현재, 미래의 모든 죄의 값을 치러주시고, 지금도 물(말씀)로 우리를 깨끗이 씻어주고 계신 것이다. 그러기에 우리 입술에서는 그분을 향한 찬양이 끊임없이 나올 수밖에 없다. 할렐루야!

예수님의 십자가에서의 죽음은 외견상 실패요 패배로 보인다. 그러나 그분은 그렇게 사탄의 머리를 밟으시고 죄와 사망을 이기셨으며, 새 하늘과 새 땅을 만들고자 하는 하나님의 뜻을 완전히 이루셨다. 그러기에 숨을 거두시기 전에 '다 이루었다'(30절) 선언하셨던 것이다.

> '구주의 십자가 보혈로 죄 씻음 받기를 원하네 내 죄를 씻으신 주 이름 찬송합시다'(새찬송가 250장)

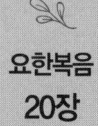

요한복음 20장

너희에게 평강이 있을지어다

제자들이 유대인들을 두려워하여 모인 곳의 문들을 닫았더니 예수께서 오사 가운데 서서 이르시되 너희에게 평강(eirene)이 있을지어다(20:19)

예수님께서 십자가에 달려 돌아가신 후 제자들은 부모님을 여읜 어린 자녀들처럼 두려워 떨고 있었다. 베드로와 요한이 빈 무덤을 보았고 막달라 마리아에게서 '주님을 보았다'는 말을 들었지만, 이들은 아직 예수님께서 다시 살아나신 것(復活)을 믿지 못했기 때문이다(9절).

이렇게 부활은 인간의 생각으로는 믿기 어렵다. 그러기에 주님께서는 우리에게 성령을 보내주시고 믿음을 주셔서 부활을 믿게 하시는 것이다. 할렐루야!

한편 부활하신 예수님은 변화된 몸으로 잠긴 문을 그대로 통과해 들어오셔서 두려워 떨고 있는 제자들에게 평강(平康)을 주신다. 잠긴 문을 통과해 들어오신 것처럼 성도들 마음속에도 그렇게 평강을 일방적으로 집어넣어 주시는 것이다. 그 결과 우리는 베드로(성도들의 대표)처럼 두려움을 이길 수 있는 자들이 되었다. 성령을 받은 후 베드로는 다음 날 아침 처형될 절박한 상황이었는데도 쿨쿨 잠을 자고 있었는데(행 12:6), 이는 주님께서 주신 평강 때문이었던 것이다.

그렇다. 믿지 않는 자들에게는 참된 평강이 없다. 왜냐하면 참된 평강은 돈이나 권력 등 세상 것들이 줄 수 있는 편안함이나 평화 또는 안락함과는 완전히 다르기 때문이다. 참된 평강은 죽음의 두려움에서 벗어난 상태를 말하는데, 그런 평강은 오직 죽음을 이기고 부활하신 예수님만이 주실 수 있다.

> "평안(평강)을 너희에게 끼치노니 곧 나의 평안을 너희에게 주노라 내가 너희에게 주는 것은 세상이 주는 것과 같지 아니하니라 너희는 ~ 두려워하지도 말라"(14:27)

그러기에 부활하신 예수님께서는 제자들에게 손과 옆구리를 보여주시며, 그들에게 평강을 주고 계신 것이다. 오직 십자가(못 박힌 손과 창에 찔린 옆구리)만이 평강의 유일한 근거이기 때문이다.

한편 계시록에서는 두려워하는 자들은 천국에 들어갈 수 없다고 선언하고 있다(계 21:8). 두려워하는 자들은 자신이 모든 것을 책임지려는 자들이고, 이런 자들은 곧 믿음이 없는 자들이기 때문이다. 하나님을 의지하지 않고 스스로 무엇인가를 하겠다는 것이 죄인 것이다.

지금 무엇 때문에 두려워하고 있는가?
성도들은 이미 십자가의 은혜로 사망을 이긴 자들, 즉 둘째 사망(지옥)에서 해방된 자들이다. 왜냐하면 우리 몸과 영혼을 지옥에 멸하실 수 있는 분은 하나님 한 분이신데, 그분은 우리의 아버지이시기 때문이다. 그러기에 이제는 그분의 자녀들인 우리는 두려워하지 말고 평강 속에서, 오직 그분의 말씀에 순종하는 자로 지어져가는 일에만 전념할 수 있어야 한다.

> "몸은 죽여도 영혼은 능히 죽이지 못하는 자들을 두려워하지 말고 오직 몸과 영혼을 능히 지옥에 멸하실 수 있는 이를 두려워하라" (마 10:28)

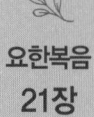

요한복음 21장

네가 원하지 않는 곳으로 데려가리라

내가 진실로 진실로 네게 이르노니 네가 젊어서는 스스로 띠 띠고 원하는 곳으로 다녔거니와 늙어서는 네 팔을 벌리리니 남이 네게 띠 띠우고 원하지 아니하는 곳으로 데려가리라(21:18)

예수님께서는 제자들에게 '내가 너희보다 먼저 갈릴리로 가리라' 말씀하셨으며(마 26:32), 부활하신 후에도 여자들에게 '내 형제들에게 갈릴리로 가라 하라' 말씀하셨다. 그런데 실제로는 제자들이 먼저 갈릴리로 가서 고기를 잡고 있었다. 왜냐하면 갈릴리는 지역 이름임과 동시에 고통받고 멸시받던 이 흑암의 세상을 의미하기 때문이다(사 9:1).

그렇다. 예수님은 이 땅(세상)에 오셔서 몸소 가장 버림받은 땅 갈릴리 같은 삶을 사셨으며, 그런 삶을 살고 있던 그래서 세상에서 버림받고 고통받던 세리나 창녀 같은 사람들을 찾아가셔서 그들의 빛이 되어주셨다. 말씀하신 대로 먼저 갈릴리로 가셨던 것이며, 이제 제자들(성도들)을 그 갈릴리로 부르고 계신 것이다.

한편 타락한 죄인인 인간 중에는 스스로 갈릴리같이 낮아지는 삶을 살 수 있는 사람은 없다. 그러기에 예수님은 '내가 남(성령)을 너희에게 보내 너희가 원하지 않는 곳으로 데려가리라' 말씀하시는 것이다(18절). 그리고 실제로 성령(그리스도의 영)을 보내 우리를 우리가 원하지 않는 곳, 곧 낮아지고 끝내 죽임을 당하는 곳으로 끌고 가신다. 12 제자들이 모두 그렇게 순교했으며, 우리 또한 그런 삶을 살다가 그렇게 자신에 대해 죽게 되는데(自己 否認), 죽지 않으면 새로운 사람으로 부활할 수 없기 때문이다.

> "그런즉 누구든지 그리스도 안에 있으면 새로운 피조물이라 이전 것은 지나갔으니 보라 새것이 되었도다" (고후 5:17)

우리는 흔히 내 마음대로 하는 것을 자유라 생각한다. 그러나 이 세상에 완전한 인간은 없기에 그 사람은 자기 자신에게 묶여있는 것이지 참된 자유를 누리는 것이 아니다. 참된 자유란 죄에 물든 자신을 완전히 비우고, 완전자에게 자신의 전 존재를 맡기는 것이다. 마치 젖먹이 아이의 전 존재가 부모에게 맡겨진 것처럼 말이다. 그 젖먹이 아이에게 두려움이 있을 수 없으며, 그때 그 아이는 가장 자유로운 상태인 것이다.

그렇다. 우리는 우리의 전 존재를 완전하신 삼위일체 하나님께 맡겨야 한다. 그럴 때 비록 우리가 느끼기에는 원하지 않는 곳으로 끌려가는 느낌을 받게 될 것이다. 그러나 그렇게 끌려가는 동안 우리는 우리 이웃에게 복음을 전하는 삶을 살게 될 것이다(내 양을 먹이라). 그리고 그렇게 사는 우리를 주님께서 마침내 완전한 자유가 있고 참된 행복을 누리며 영원히 살 수 있는 새 하늘과 새 땅으로 인도해 주실 것이다. 할렐루야!

"이르되 주 예수를 믿으라 그리하면 너와 네 집이 구원을 받으리라 하고" (행 16:31)

"진리(예수 그리스도)를 알지니 진리가 너희를 자유롭게 하리라" (8:32)

사도행전
ACTS

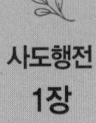

사도행전 = 예수님의 天上行傳

데오빌로여 내가 먼저 쓴 글에는 무릇 예수께서 행하시며 가르치시기를 시작하심부터(1:1)

이 땅에 오신 하나님의 아들 예수께서는, 만일 낱낱이 기록된다면 온 세상이라도 이 기록된 책을 두기에 부족할 만큼 많은 일을 하셨다(요 21:25). 또한 제자들에게 하나님 나라에 대해 가르치시고, 십자가에 달리심으로 속죄 사역을 완료하시고, 지금은 하나님 우편 보좌에 앉아계시다.

그렇다면 지금 예수님께서는 무엇을 하고 계실까? 그분은 지금도 계신 곳이 다를 뿐 지상에서 하시던 말씀과 일들을 똑같이 하고 계시다. 즉 그분은 그분의 영인 성령에 의해 그분의 자녀들인 성도들을 통해 일하고 계시다. 그러기에 사도행전이라기보다 예수님의 천상 행전이라고 불려야 한다. 사도행전이라고 할 때는 인간의 사역(使役)이 그리고 성령행전이라고 할 때는 신적인 사역이 너무 강조되기 때문이다.

예수님께서는 부활하고 승천하시기 전에 사십 일 동안 친히 살아계심을 나타내셨으며(3절), 갈릴리에서 제자들을 만나셨다.

요한복음에 의하면 이때 베드로를 비롯한 제자들은 물고기를 잡고 있었는데 밤새 한 마리도 잡지 못했다. 그러나 '예수님 말씀에 따라' 그물을 내렸을 때 그물을 들 수 없을 정도로 많은 고기가 잡혔다. 그 숫자는 153마리였는데, 이는 당시 유대인들이 알고 있던 전체 물고기 종류의 숫자라고 한다. 이는 장차 세계 모든 민족들 중 택함받은 백성들이 고기를 낚는 어부인 사도들(성도들)에 의해 구원받을 것임을 예표한 것이다.

그러나 제자들의 힘으로는 한 마리의 물고기도 잡지 못했던 것처럼, 이 일은 그리스도의 영인 성령의 도우심이 없이는 절대로 이루어질 수 없는 일이다.

그러기에 예수님은 昇貴하시기 전에 '성령을 기다리라' 말씀하셨던 것이다.

"그들에게 이르시되 예루살렘을 떠나지 말고 내게서 들은바 아버지께서 약속하신 것을 기다리라 ~ 너희는 몇 날이 못 되어 성령으로 세례를 받으리라" (4, 5절)

그리고 계속해서 '성령이 임하시면 너희가 권능을 받고 땅끝까지 이르러 내 증인이 되리라' 말씀하신다. 곧 교회를 이루고 전도 등의 일을 하는 것은 곧 예수의 영인 성령께서 친히 하시는 역사(役事)인 것이다.

또한 예수님께서는 살아계시는 동안 '나를 따르라' 하시며 친히 본을 보이셨는데, 본인께서 먼저 예루살렘과 온 유대와 사마리아와 땅 끝까지 가서서 친히 복음을 전하셨던 것이다. 그러기에 사도들은 그분의 본을 따라 그분이 갔던 길을 걸으며 복음을 전했던 것이며, 성령을 받은 우리 또한 반드시 그 길을 가게 되어 있다. 성령을 선물로 받은 모든 성도들은 죄인이었을 때와는 달리 이제는 내 뜻이 아니라 성령께서 이끄시는 대로 이끌려가는 삶을 사는 사람들이기 때문이다.

"오직 성령이 너희에게 임하시면 너희가 권능을 받고 예루살렘과 온 유대와 사마리아와 땅끝까지 이르러 내 증인이 되리라 하시니라" (8절)

사도행전 2장

우리가 어찌할꼬

베드로가 이르되 너희가 회개하여 각각 예수 그리스도의 이름으로 세례를 받고 죄 사함을 받으라 그리하면 성령의 선물을 받으리니(2:38)

승귀하신 예수님께서는 지금도 우리의 구원을 위해 일하고 계신다. 이를 위해 승천하시기 전에 성령을 주실 것을 약속하셨는데(1:5), 이 약속대로 오순절 날 실제로 성령을 보내주셨다.

이때 임한 성령은 예수께서 십자가로 모든 죄의 문제를 해결하고 보내신 분이기에 특별한 현상을 동반했는데, 바람 같은 소리와 불의 혀처럼 갈라지는 것들이 각 사람 위에 하나씩 임했다(2, 3절). 물론 성령도 하나님이며 영이시기에 우리 오감으로 그분을 느낄 수는 없다. 그러나 이제 새 시대가 도래했음을 알리기 위해 이때만 특별히 이렇게 임하셨던 것이다.

이때 일어난 일 중의 하나는 성령을 받은 사람들이 각 나라의 방언(方言)으로 말했다는 것이다. 하나님께서 특별히 이런 현상을 일시적으로 허락하신 이유는 각국에서 모여든 모든 사람들이 복음을 듣게 하시기 위한 목적이었을 뿐이지, 성령을 받으면 반드시 방언(tongues)을 해야 한다는 의미는 아니다. 바벨탑 사건으로 나뉘었던 언어(창 11:9)가 이제 성령으로 말미암아 그리스도 안에서 하나로 통일되었음을 보여주신 일회적 사건일 뿐인 것이다(엡 1:10).

한편 '말세에 모든 만민에게 성령을 부어주겠으며, 누구든지 주의 이름을 부르는 자는 구원을 받으리라' 라는 약속은 이미 구약에 주어진 것이었다(욜 2장). 그런데 베드로가 '너희가 죽인 예수님께서 부활하셔서 이 약속된 성령을 부어주셨다' 선언하자 많은 사람들이 마음에 찔림을 받고, 예수를 주(主, Lord)와 그리스도로 믿기 시작했다.

그렇다. 회개하고 예수 그리스도의 이름으로 세례를 받은 사람은 성령을 받고 구원을 받게 된다. 그러나 오직 창세전에 택함받은 사람에게서만 구원에 이르는 참된 회개가 나올 수 있으며, 그들에게만 성령이 주어지는 것이다.

그리고 성령을 받은 사람들은 하나님 사랑과 이웃 사랑을 위해 모이기를 힘쓰며, 하나님의 뜻을 알고자 기도와 말씀 묵상에 더욱 힘쓰게 된다. 그들에게는 말씀이 꿀송이처럼 달고, 모여 있는 그곳이 곧 이 세상에서 천국을 맛볼 수 있는 장소이기 때문이다.

"서로 돌아보아 사랑과 선행을 격려하며 모이기를 폐하는 어떤 사람들의 습관과 같이하지 말고 오직 권하여 그날이 가까움을 볼수록 더욱 그리하자" (히 10:24, 25)

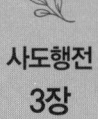

사도행전 3장

나사렛 예수 그리스도의 이름으로

베드로가 이르되 은과 금은 내게 없거니와 내게 있는 이것을 네게 주노니 나사렛 예수 그리스도의 이름으로 일어나 걸으라 하고(3:6)

성령충만한 성도의 특징 중의 하나는 열심히 기도한다는 것이다. 베드로와 요한도 기도 시간에 맞춰 성전으로 올라가고 있었다. 이때 그들은 미문(美門) 앞에서 구걸하고 있는 나면서 못 걷게 된 사람을 보게 된다.

평소 같았으면 이들은 그 사람에게 동전 몇 푼을 주었을지도 모른다. 사실 그 불구자가 원했던 것도 그것이었다. 그러나 이들에게는 지금 비록 은금은 없었지만 '예수 그리스도의 이름'이 있었다. 그러기에 이들은 그 불구자에게 '일어나 걸으라' 하며 그의 손을 잡아 일으키니, 그 사람은 그 즉시 걷고 뛰며 하나님을 찬송했다(8절).

이름은 어떤 사람의 전 인격을 나타내는데, 예수라는 이름의 뜻은 '자기 백성을 죄에서 구원할 자'이다(마 1:21). 이제 그 이름의 뜻대로 예수께서 십자가에 달리고 부활하심으로 모든 죄의 문제를 해결해 주셨으며, 그 결과 그 이름을 부르는 자들은 그 구원의 능력을 누릴 수 있게 되었던 것이다.

"누구든지 주의 이름을 부르는 자는 구원을 받으리라 하였느니라" (2:21)

한편 구세주 예수께서 이 땅에 오셔서 고난받고 죽으실 것은 여러 선지자를 통해 예언되었던 것이다(18절). 그러나 하나님께서 그분을 죽은 자 가운데서 살리셔서, 부활의 첫 열매가 되게 하셨으며, 더 나아가 주(主, the Lord)와 그리스도가 되게 하셨다. 한마디로 온 우주 만물을 다스리는 만왕의 왕이 되신 것이다.

그렇다. 예수 그리스도는 만물의 주인이시며(lordship), 모든 피조물들은 그분의 종이다. 그러므로 우리는 그분의 종으로서 자신의 생각이나 계획을 내려놓아야 하며, 그 대신 그분의 뜻을 알고 또 그 뜻에 순종하는 삶을 살아야 한다.

성경의 모든 예언은 일점일획도 땅에 떨어지지 않고 다 이루어졌다. 그러기에 앞으로 일어날 일에 대한 약속 또한 하나님께서 정하신 때에 반드시 이루어질 것이다. 그러므로 우리는 예수님의 재림하시리라는 약속을 굳게 믿고, 우리 주와 그리스도가 되신 예수님 말씀에 순종하는 삶을 살아내야 한다.

"하나님이 영원 전부터 거룩한 선지자들의 입을 통하여 말씀하신바 만물을 회복하실 때까지는 하늘이 마땅히 그를 받아 두리라"(21절)

사도행전 4장

성령 충만의 목적

빌기를 다하매 모인 곳이 진동하더니 무리가 다 성령이 충만하여 담대히 하나님의 말씀을 전하니라(4:31)

태어날 때부터 걷지 못하던 자가 걷고 뛰는 모습을 보고 많은 사람들이 몰려들었고, 이때 베드로가 담대히 부활하신 주님에 대해 증거함으로 말미암아 많은 사람들이 주님을 믿게 되었다(4절).

한편 로마와 결탁해 각종 유익을 누리고 있던 사두개인들은 마카비 시대에 이미 구세주가 왔다고 생각했기에 예수가 구세주라고 불리는 것을 싫어했으며, 부활 또한 믿지 않았다. 그러기에 그들은 예수의 부활 그리고 주와 그리스도가 되심을 전하는 사도들을 잡아들였던 것이다.

그러나 병 나은 자가 그들과 함께 있고 예수와 함께 있던 자들이 사실을 말하자 반박하지 못하고, 그저 '더 이상 예수의 이름으로 말하지도 말고 가르치지도 말라' 위협하고 놓아줄 수밖에 없었다.

이에 사도들은 믿는 자들에게 돌아와 지금까지의 일을 알린 후 함께 하나님께 기도한다. 하나님은 만물의 창조주이시며 역사의 주관자이시기 때문이다. 또한 다윗을 통해 이렇게 세상의 군왕들과 관리들이 예수님을 대항하고 배척할 것을 이미 말씀하셨기 때문이다(25, 26절).

한편 이들이 전심으로 기도하자 그들이 모인 곳이 진동하며 모두 성령 충만을 받게 된다. 성령은 영이기에 보이지 않지만 그들과 함께 하심을 알려주시기 위해 이런 현상을 허락하신 것이다. 그리고 성령 충만을 받은 사람들은 곧 담대히 말씀을 전하기 시작한다(31절).

많은 사람들이 세상에서 보이는 능력을 받기 위해 성령 또는 성령 충만 받기를 바란다. 그러나 성령은 삼위일체 하나님 중의 한 분이시기에 인간 마음대로 받을 수 있거나 거절할 수 없다.

또한 성령 충만의 목적은 자신의 세상적인 욕심을 이루기 위한 것이 아니라 복음을 선포하기 위한 것이다. 왜냐하면 성령 충만은 자기 충만의 반대말인데, 그동안 죄 가운데 스스로 주인 되어 살던 자아가 비워지고, 그 자리에 성령이 충만하게 임하신 상태이기 때문이다.

계속해서 성령 충만을 받은 사람들의 삶이 그려져 있는데, 그들은 한마음과 한 뜻이 되어 모든 물건을 통용하고 자기 재물을 자기 것이라 하는 사람이 하나도 없었다(32절). 죄로 인해 나뉘었던 마음과 언어가 하나가 되었기 때문이다. 그리고 이는 바벨탑 사건으로 혼잡케 되었던 언어가 성령 안에서 하나가 되었음을 보여주는 것이며, 장차 이런 세상이 새 하늘과 새 땅에서 완전히 이루어질 것이다.

> "주여 이제도 그들의 위협함을 굽어보시옵고 또 종들로 하여금 담대히 하나님의 말씀을 전하게 하여 주시오며" (29절)

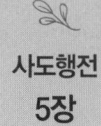

사도행전 5장	## 사탄의 집요한 방해
	베드로가 이르되 아나니아야 어찌하여 사탄이 네 마음에 가득하여 네가 성령을 속이고 땅값 얼마를 감추었느냐(5:3)

성령이 강하게 역사하자 이에 대적하기 위해 사탄 또한 활발히 활동하기 시작한다.

먼저 외적인 박해가 시작되었는데 대제사장들과 관리들을 통해 사도들과 성도들을 박해하기 시작한다(4장). 그러나 사도들이 이에 굴하지 않자 교회 내부로부터 무너뜨릴 방법을 강구한다. 그 방법은 거짓과 위선으로 성도 간의 유대를 해치는 것이었는데, 아나니아와 삽비라 사건으로 나타났다.

성령 충만한 초대 교회 성도들은 재물을 자기 것으로 생각하지 않고 가난한 자들을 위해 기꺼이 내놓았는데, 이로 인해 교회 안에 핍절한 자가 없게 되었다. 재물을 내놓은 자 중에는 바나바(위로의 아들)가 있었는데, 그는 자기 밭을 팔아 그 값 전부를 사도 앞에 내어놓았다(4:37).

이때 아나니아와 삽비라 부부도 소유를 팔아 사도들 앞에 내어놓았다. 그런데 문제는 이들의 동기와 목적이 이웃 사랑이 아니라 다른 사람들로부터 인정받고 싶어 하는 위선과 속임이었다는 것이다. 그들은 성도들에게 좋은 평판을 얻기 위해 소유를 팔아 내어놓았지만, 동시에 자신들의 이익을 챙기기 위해 판 것 중의 일부를 숨겼던 것이다. 그리고는 베드로에게 전부를 내놓았다고 거짓말을 했는데, 이는 교회의 주인이신 성령을 속인 것이었으며, 그 결과는 죽음이었다.

한편 많은 사람들이 이들에게 내려진 죽음이라는 심판에 대해 너무 심하다는 생각을 갖기도 한다. 물론 금액이 얼마였든지 간에 자신의 재물을 내어놓았다는 것 자체는 대단한 일이다. 그러나 주님은 우리 마음의 중심을 보시는 분이다(삼상 16:7). 그리고 이때는 초대 교회가 막 세워져가던 시기였다. 그러기에 누룩이 더 퍼지기 전에 일벌백계의 치리(治理)가 필요했던 것이다. 그리고 이것은 사람을 속였을 뿐 아니라 하나님을 속인 것이기도 했기 때문이다.

> "어찌하여 이 일을 네 마음에 두었느냐 사람에게 거짓말한 것이 아니요 하나님께로다"(4절)

한편 이 사건으로 인해 성도들은 교회가 사람들의 모임이 아니라 성령이 주관하시는 공동체임을 알게 되었으며, 교회는 더욱 흥왕하게 된다. 이런저런 핍박이 계속되는 가운데 주님께서 사도들을 통해 여러 표적과 기사가 일어나게 하심으로 믿는 자들의 숫자가 늘어나게 되었기 때문이다(12~16절).

지금도 교회를 무너뜨리려는 사탄의 궤계는 더욱 지독해지고 또 교묘해지고 있다. 그러므로 우리는 항상 기도로 깨어있어야 하며, 성령의 음성에 예민하게 반응해야 한다. 또한 죄에 빠진 자들을 즉시 절차에 따라 치리하되 그 영혼을 사랑하는 마음을 잃지 않도록 해야 한다. 교회의 목적은 영혼 구원에 있기 때문이다(고전 5:5, 이런 자를 사탄에게 내주었으니 이는 육신은 멸하고 영은 주 예수의 날에 구원을 받게 하려 함이라). 더 나아가 담대히 복음을 전해야 한다. 우리 역시 그 전해진 복음을 듣고 구원을 받은 자들이기 때문이다.

> "사도들은 그 이름을 위하여 능욕 받는 일에 합당한 자로 여기심을 기뻐하면서 공회 앞을 떠나니라 그들이 날마다 성전에 있든지 집에 있든지 예수는 그리스도라고 가르치기와 전도하기를 그치지 아니하니라"(41, 42절)

사도행전 6장

각자 주어진 은사와 직분에 따라

열두 사도가 모든 제자를 불러 이르되 우리가 하나님의 말씀을 제쳐 놓고 접대를 일삼는 것이 마땅하지 아니하니(6:2)

사탄이 교회를 분열시키는 또 다른 방법은 중요한 일에 집중하지 못하게 하는 것이다. 베드로의 말대로 사도들이 기도와 말씀 선포에 집중하지 못하고 접대(행정 또는 관리)에 힘을 쓰다 보니, 과부들의 구제와 관련해 헬라파와 히브리파 성도들 사이에 분란이 생겼다(1절). 이에 열두 사도들이 모여 교회 행정과 관리를 책임질 성령과 지혜가 충만하여 칭찬받는 일곱 사람을 택하여 세우기로 한다.

물론 목회 사역과 관리 사이에 우열이 있다는 뜻이 아니다. 다만 각 사람에게 주어진 소명과 은사가 다르고 인간의 능력에는 한계가 있기에, 효율적인 사역을 위해서는 사역을 합리적으로 나눌 필요가 있다.

한편 이렇게 교회의 체제가 잡혀가자 하나님 말씀이 점점 왕성하여 성도의 수가 더 심히 많아지고 심지어 제사장의 무리들도 이 도(道)에 복종하게 된다(7절).

그러나 아직도 복음은 예루살렘의 유대인들에게만 전해진 상태였다. 그러기에 하나님은 또 다른 사건을 통해 복음이 이방인들에게 전해지는 계기를 마련하시는데, 그것이 곧 스데반 집사 박해 사건이었다.

어떤 회당 사람들이 스데반과 논쟁을 했는데, 스데반이 지혜와 성령으로 말함으로 그들이 능히 당하지 못하게 되었다. 그러자 그들은 거짓 증인을 매수해 스데반을 공회에 고발했는데, 스데반이 나사렛 예수가 '이곳(성전)을 헐고 또 모세가 전하여 준 규례(율법)를 고치겠다' 는 말을 했다고 전했다는 이유에서였다(14절). 이들은 예수님이 성전 된 자기 육신을 가리켜 말씀하신 것(요 2:21)과 '내가 율법을 완성하러 왔다'(마 5:17)라는 말씀을 오해한 것이었는데, 어쨌든 똑같은 이유로 스데반을 공회에 고발했던 것이다.

한편 공회에 잡혀간 스데반의 얼굴은 마치 천사의 얼굴 같았는데(15절), 시내산에서 하나님 말씀을 받은 모세의 얼굴에서 빛이 났던 것을 연상케 된다(출 34:29). 이는 스데반이 은혜와 권능이 충만했으며 지혜와 성령이 함께하셨기 때문이며, 하나님께서 그의 사역에 함께하고 계셨음을 나타내는 증거였다.

이렇게 복음 전파는 내 힘이나 능력으로 하는 것이 아니라 주님이 친히 하시는 것이며, 우리가 복음을 증거할 때 성령께서 함께하시며 지혜와 능력을 부어주신다. 그러므로 우리는 입술과 삶을 통해 삶의 현장에서 복음을 증거하는 삶을 살아야 한다.

> "공회 중에 앉은 사람들이 다 스데반을 주목하여 보니 그 얼굴이 천사의 얼굴과 같더라"(15절)

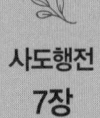

| 사도행전 7장 |

항상 성령을 거스르는 죄인들

목이 곧고 마음과 귀에 할례를 받지 못한 사람들아 너희도 너희 조상과 같이 항상 성령을 거스르는도다(7:51)

공회에 끌려간 스데반은 믿음의 조상 아브라함으로부터 시작해서 예수님까지의 구속사를 쭉 설명한다. 하나님께서는 선지자들을 통해 미리 약속하시고 반드시 그 약속을 지키시는 분이며, 그 약속대로 예수께서 구세주로 오셨으나 너희가 그분을 십자가에 매달아 죽였다는 내용이었다.

그러자 그들은 마음에 찔려 스데반을 향해 이를 갈았으며, 끝내 그를 성 밖으로 끌고나가 돌로 쳐 죽인다(59절).

그렇다. 각 사람의 인생과 세계 역사는 죄와 및 그 결과인 사망이 얼마나 무서운가를 경험하게 하기 위한 과정으로 주어진 것이다. 그리고 그 결과 택함받은 백성들은 구세주가 필요함을 절실히 깨닫고 구세주 예수 그리스도를 믿게 된다. 믿음의 조상인 아브라함과 이스라엘의 역사는 이 사실을 여실히 증명하고 있다.

그러나 선악과를 따먹은 모든 인간들은 마음에 찔림을 받을지언정 절대로 자신의 죄를 인정하지 않으며, 오히려 자신의 죄를 지적하는 사람을 용납하지 못하고 끝내 그들을 죽이고 만다. 그렇게 구약의 수많은 선지자들이 죽임을 당했으며(마 23:35), 그들이 예표했던 참선지자 예수께서도 그들에 의해 십자가에 못 박혀 돌아가셨다. 하나님의 아들께서 죽임을 당했는데, 그를 믿고 좇는 제자들과 성도들은 오죽하겠는가?

초대 교회 일곱 집사 중 하나였던 스데반 역시 유대인들의 죄를 지적하다가 결국 돌에 맞아 죽고 말았다(60절). 무죄한 자를 죽이면서도 자신들에게는 죄가 전염되지 않도록 멀리 서서 돌로 쳐 죽이는 저들의 행위가 참으로 가증

스럽기만 하다. 그러나 사탄이 다스리는 세상에서는 불신자들에게 맞아죽는 것이 성도들의 인생인 것을 어이하랴!

그러나 하나님께서는 그렇게 세상(애굽)에서 죽은 사람 곧 성도만을 기뻐하시며, 그들만을 천국으로 이끌어 주신다. 스데반은 돌로 맞아 죽어가면서 하늘이 열리고 하나님의 영광과 예수께서 서 계신 것을 보았다(55절). 이 땅에서는 고통 속에서 죽어가고 있었지만 그 죽어가는 과정이 곧 천국 입성 과정이었던 것이다. 할렐루야!

하나님은 지금도 침 삼킬 틈도 주지 않고 성도들의 삶을 지켜보시며 인도하고 계시다(욥 7:19). 우리가 환난을 당하고 있는 그 순간에도 말이다. 그러므로 우리는 예수님처럼 그리고 스데반처럼 죽어가면서도 지금 자신을 죽이고 있는 이웃들을 용서하고, 그들의 구원을 위해 기도해야 한다.

"그들이 돌로 스데반을 치니 스데반이 부르짖어 이르되 주 예수여 내 영혼을 받으시옵소서 하고 무릎을 꿇고 크게 불러 이르되 주여 이 죄를 그들에게 돌리지 마옵소서 이 말을 하고 자니라" (59, 60절)

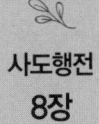

사도행전 8장

성령, 하나님의 선물

베드로가 이르되 네가 하나님의 선물을 돈 주고 살 줄로 생각하였으니 네 은과 네가 함께 망할지어다(8:20)

인간은 하나님이 행하시는 일을 모두 알 수는 없으며(욥 3:11), 특히 악이 변하여 선이 되게 하시는 오묘한 섭리를 알 수가 없다.

그런 의미에서 우리는 왜 올바른 복음을 전하는 스데반 집사가 돌에 맞아 죽어야 했는지 선뜻 이해할 수가 없다. 그러나 세상의 기준으로는 고통 속에서 요절한 것이지만, 그는 하나님께서 정한 이 땅에서의 삶을 조기에 마치고 주님이 거하시는 본향 천국으로 돌아갔다. 그러기에 돌로 맞는 아픔은 있었지만 그의 얼굴은 마치 천사와 같았던 것이다(6:15).

한편 스데반의 순교 사건은 초대교회 발전에 크게 기여하게 된다. 그동안 예루살렘 유대인에게만 한정되었던 복음이, 이제 이 사건으로 인해 곳곳으로 흩어진 사람들에 의해 유대와 사마리아와 땅끝까지 전해지는 계기가 되었기 때문이다(4절). 승귀하시기 직전에 하신 예수님의 말씀이 이제 실제화되기 시작한 것이다.

> "오직 성령이 너희에게 임하시면 너희가 권능을 받고 예루살렘과 온 유대와 사마리아와 땅 끝까지 이르러 내 증인이 되리라 하시니라"(1:8)

먼저 빌립 집사는 사마리아 지방으로 내려가 복음을 전했는데, 이 일을 위해 하나님은 많은 표적과 큰 능력을 허락하셨다(5, 6절). 이 소식을 들은 베드로와 요한이 내려가 안수하니 세례받은 사람들이 모두 성령을 받게 되었다. 이를 보자 그동안 마술을 행하던 시몬이라는 자가 돈으로 성령을 받는 능력을 사려 했는데, 오히려 베드로에게 '하나님의 선물을 돈 주고 사려 한다'는 책망을 받는다(18~20절).

그렇다. 성령은 승귀하신 예수님께서 거저 보내주신 선물이며, 삼위일체 하나님 중의 한 분으로서 구원을 위해 주권적으로 일하시는 분이다. 그러므로 성령 하나님은 돈으로 살 수도 없고, 또 우리가 오라 가라 할 수도 없음을 알아야 한다.

이후 성령에 이끌린 빌립은 에디오피아 관리를 만나게 되고, 그에게 예수를 가르쳐 복음을 전한 후 세례를 베푼다. 드디어 당시로서는 땅끝이었던 에티오피아 백성에게도 복음이 전해진 것이다. 그리고 빌립은 성령에 이끌려 아소도와 가이사랴까지 복음을 전한다(39, 40절). 이렇게 참된 전도는 사람이 아니라 예수의 영이신 성령께서 친히 하시는 것이다. 그런데 이렇게 성령께서 친히 하시는 일을 가지고, 어떻게 우리가 상(賞)을 받겠다는 것인가?

성령께서 하시는 일은 '죄에 대하여, 의에 대하여, 심판에 대하여 세상(성도들 안과 밖에 있는)을 책망하시는 것' 이다(요 16:8). 그러므로 마술사 시몬처럼 성령을 자신의 세상적인 목적 달성을 위해 사용하려는 자는 불신자이며, 영원한 멸망에 처해질 것이다. 그러기에 우리는 우리 안에 거하시며 소원을 두고 행하게 하시는 성령의 음성에 귀를 기울이고, 무엇보다 먼저 내 안에 있는 죄를 없애는 일에 최선을 다해야 한다.

> "너희 안에서 행하시는 이는 하나님이시니 자기의 기쁘신 뜻을 위하여 너희에게 소원을 두고 행하게 하시나니"(빌 2:13)

사울(바울)의 회심

사도행전 9장

주께서 이르시되 가라 이 사람은 내 이름을 이방인과 임금들과 이스라엘 자손들에게 전하기 위하여 택한 나의 그릇이라(9:15)

세계 역사와 우리의 인생은 하나님께서 주관하신다. 그분이야말로 우리에게 생명을 주신 분이시며, 인생과 세계 역사의 주인이시기 때문이다.

사울도 결코 예외가 아니었다. 그를 이 세상에 보내신 분이 하나님이시기에, 하나님이 계획하신 때(kyros)가 되자 그를 부르신다. 이전에는 자기가 원하는 대로 행하도록 내버려두셨지만 이제는 남이 띠를 띠고 끌고 가는 대로(요 21:18), 즉 성령께서 이끄시는 대로 끌려가는 삶을 살게 된 것이다.

한편 사울은 그때까지도 잘못된 하나님 사랑에 눈이 멀어 그리스도인들을 체포, 처결하기 위해 다메섹으로 가고 있었다. 그때 부활하신 예수님께서 그에게 빛으로 나타나 '왜 나를 핍박하느냐'라고 책망하신다. 교회는 그리스도의 몸이기에 교회에 대한 핍박은 곧 예수를 핍박하는 것이기 때문이다. 그러기에 주님께서는 지금도 창세전에 택함받은 성도들로 구성된 참된 교회를 눈동자처럼 지키고 계신다.

그렇다고 해서 성도들이 모든 환난을 면하거나 피하게 해주신다는 뜻은 아니다. 환난조차 성도의 믿음의 성숙을 위해 허락하시는 것이기에, 주님은 우리를 '환난을 당하는 가운데서도 믿음을 잃지 않도록 지키신다'는 뜻이다(롬 5:3, 고후 1:4).

3일(무덤 속의 3일, 부활의 3일) 동안 아무것도 먹지 못하고 기도하던 사울에게 예수님께서는 아나니아를 보내 안수하게 하시고, 그 결과 눈에서 비늘 같은 것이 떨어지게 된다. 그동안 그를 눈멀게 했던 율법이라는 비늘이 빛 되신 주님의 은혜로 말미암아 떨어지게 된 것이다.

그렇게 율법주의(=인본주의, 유대주의)라는 비늘이 벗겨지자 그는 세상을 새롭게 보게 되었다. 그의 인생관, 세계관이 성령에 의해 바뀐 것이다. 그리고는 그 즉시 예수가 하나님의 아들이시며 그리스도(메시아)이심을 증언하고 전파했는데, 이런 급격한 변화를 보고 많은 유대인들이 당혹스러워했다(22절).

한편 이런 급격한 변화는 사울에게만 일어나는 일이 아니다. 참성도들 역시 주님의 부르심을 받으면 사울처럼 지금까지 세상과 벗하며 살던 생활에서 벗어나 주님의 말씀을 따라 살 수밖에 없게 된다.

물론 그렇게 변화된 삶을 사는 일은 육신을 입은 우리에게 결코 쉬운 일이 아니다. 그러기에 사도 바울은 '나는 매일 죽노라' 고백했던 것이다(고전 15:31).

그러나 지금 우리 안에 성령이 거하시며 우리를 돕고 계시기에 우리는 반드시 말씀을 따라서 사는 새 사람이 될 수밖에 없다. 그리고 그렇게 성령에 붙들린 우리의 삶을 보고 또 다른 택함받은 백성들이 속속 주님께 나아오게 될 것이다.

"너희는 유혹의 욕심을 따라 썩어져 가는 구습을 따르는 옛사람을 벗어 버리고 오직 너희의 심령이 새롭게 되어"(엡 4:22, 23)

사도행전 10장

하나님을 경외하며 의를 행하는 모든 사람을 받으시는 하나님

내가 참으로 하나님은 사람의 외모를 보지 아니하시고 각 나라 중 하나님을 경외하며 의를 행하는 사람은 다 받으시는 줄 깨달았도다(10:34, 35)

사람들은 관습에서 벗어나기가 매우 어렵다. 그 대표적인 사람이 베드로였는데, 비록 예수님의 은혜로 구원을 받고 사도로 부르심을 받았으나 아직도 유대인들의 유전(遺傳)에 매인 부분이 있었다. 그 결과 아직도 정결법에 의거해 정한 음식, 부정한 음식을 구분하고 있었으며(12절 이하), 더 나아가 부정한 음식을 먹는 이방인들과의 교제를 꺼렸다.

하나님께서는 베드로의 이런 잘못된 유대 우월주의를 깨고, 복음을 땅 끝까지 전하는 사명(마 28:20)을 다시 알려주시기 위해, 로마의 백부장인 이방인 고넬료를 만나게 하신다. 환상을 통해 고넬료로 하여금 베드로를 청하게 하시고, 동시에 부정한 음식 먹기를 거절하는 베드로를 책망하셨던 것이다.

"또 두 번째 소리가 있으되 하나님께서 깨끗하게 하신 것을 네가 속되다 하지 말라 하더라"(15절)

이렇게 고넬료의 집에 가게된 베드로는 자초지종을 듣고 예수가 메시아이심을 담대하게 전했는데, 그때 성령 세례가 말씀(복음)을 듣는 모든 이방인들에게 임했다(44절). 왜냐하면 하나님은 사람을 외모로 판단하지 않으시며, 이방인을 포함한 모든 만물의 주인이시기 때문이다.

그렇다. 하나님은 절대로 남녀노소, 귀천 혹은 국적을 따지지 않으시는 가운데 지금도 창세전에 택한 백성들을 하나님 나라 백성으로 훈련시키고 계시다. 그러기에 우리 또한 사람을 외모(外貌)로 판단하지 말고, 모든 사람을 주님의 사랑으로 대하며, 그들에게 복음(예수님의 삶과 죽으심 그리고 부활)을 전해야 한다.

한편 올바른 복음이 선포될 때 하나님께서 성령을 부어주심을 알 수 있는데, 그 목적은 하나님을 높이는 것임을 알 수 있다(46절, 이는 방언을 말하며 하나님 높임을 들음이니라).

그러므로 우리는 '예수 그리스도를 믿는 사람들은 다 그의 이름을 힘입어 죄 사함을 받는다'는 진리를 믿고, 올바른 복음을 선포하는 일에 최선을 다해야 한다. 믿음은 들음에서 오는 것인데(롬 10:17), 사람이 듣기 좋은 말을 듣는 데서 오는 것이 아니라 '예수가 그리스도이시며, 하나님의 아들이심'을 들을 때 주어지는 것이기 때문이다.

> "그 후에 내가 내 영을 만민(all people)에게 부어 주리니 너희 자녀들이 장래 일을 말할 것이며 너희 늙은이는 꿈을 꾸며 너희 젊은이는 이상을 볼 것이며" (욜 2:28)

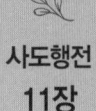

사도행전 11장

그리스도인이라 불리는 사람들

제자들이 안디옥에서 비로소 그리스도인이라 일컬음을 받게 되었더라(11:26)

유대인들은 하나님의 선민이라는 자긍심이 매우 높은 사람들이었다. 그러기에 베드로가 무할례자(이방인)의 집에 들어가 그들과 함께 식사를 했다는 소식을 듣고는 베드로를 비난했다(2절).

그러나 베드로가 그렇게 하신 분이 하나님이심을 설명하자, 그들은 곧 수긍하고 받아들인다.

> "하나님이 ~ 같은 선물을 그들에게도 주셨으니 내가 누구이기에 하나님을 능히 막겠느냐 하더라 그들이 이 말을 듣고 잠잠하여 하나님께 영광을 돌려 이르되" (17, 18절)

한편 스데반의 순교 이후 많은 성도들이 환난을 피해 여러 지방으로 흩어졌는데, 이들은 그곳에서 유대인들에게만 복음을 전했다. 그런데 이들 중 안디옥으로 간 사람들이 헬라인에게도 복음을 전했는데, 주의 손(성령)이 함께하심으로 수많은 사람들이 믿고 주께 돌아왔다(21절).

당시 안디옥은 로마의 3대 도시 중의 하나로 수많은 인종들이 모여들어 각자 자신들의 신을 섬겼는데, 그중에 '그리스도께 충성하는 자들'이 생기기 시작한 것이다. 그 결과 사람들은 처음으로 이들을 그리스도인이라 부르기 시작했다.

그리스도인이라는 뜻은 그리스도 중심의 제자도를 의미하는데, 그리스도를 따르는 사람들 또는 그리스도의 종이라는 뜻으로도 사용되었다(롬 1:1). 그런데 과연 우리는 지금 이런 뜻처럼 그리스도만을 따르고 있는가, 아니면 그분을 우리를 유익하게 할 여러 신들 중 하나로 생각하고 있는가?

이렇게 안디옥에서 많은 사람들이 주께 돌아온다는 소식을 들은 예루살렘 교회는 성령과 믿음이 충만한 바나바(=위로의 아들)를 보내 그들을 권면했으며, 그 결과 큰 무리가 주께 더하여졌다. 그러자 바나바는 사울(바울)을 찾으러 다소로 가서 그를 데려와 함께 복음을 가르친다. 드디어 바울이 이방인에게 복음을 전하는 일에 등장하게 된 것이다.

하나님께서는 처음부터 인간에게 '온 땅에 흩어져 충만하라' 명령하셨다(창 1:28). 그런데 타락한 인간들은 흩어지기는커녕 오히려 흩어짐을 면하기 위해 바벨탑을 쌓았다(창 11:4).

당시 예루살렘 교회 또한 현실에 안주하고 있었는데 하나님께서는 스데반의 순교 사건을 통해 이들을 흩으셨고, 그 결과 복음이 대대적으로 이방인들에게 전해지기 시작했던 것이다.

그러므로 우리들 역시 한 지역 교회에만 묶여있지 말고, 각가의 삶의 터전을 선교지로 삼아 예수 그리스도를 전하는 삶을 살아야 한다. 그럴 때 주님께서 친히 일하실 것이다.

"너는 말씀을 전파하라 때를 얻든지 못 얻든지 항상 힘쓰라 범사에 오래 참음과 가르침으로 경책하며 경계하며 권하라"(딤후 4:2)

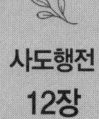

사도행전 12장

호사다마(好事多魔)?

헤롯이 영광을 하나님께로 돌리지 아니하므로 주의 사자가 곧 치니 벌레에게 먹혀 죽으니라(12:23)

하나님의 말씀은 날로 흥왕해 갔는데, 이와 동시에 사탄(마귀)의 방해 공작도 더 심해졌다.

먼저 당시 유대 지방을 다스리고 있던 헤롯 아그립바는 12 사도 중의 하나인 야고보(사도 요한의 형제)를 칼로 죽였다. 그는 에돔 사람인 헤롯 대왕의 손자로서 나라의 안정을 위해서는 유대인들의 지지가 필수적이었다. 그러기에 유대인인 베드로가 이방인과 함께 식사를 했다는 사실에 분개하고 있는 유대인들의 환심을 사기 위해 야고보를 죽였던 것이다.

그리고 유대인들이 이를 기뻐하는 것을 보고는 베드로까지 죽이려고 감옥에 가둔다(4절). 이 소식을 들은 예루살렘 교회 성도들은 간절히 기도한다. 헤롯의 무력에 맞설 방법은 기도밖에 없었기 때문인데, 사실 그 방법이 가장 강력한 방법이다. 왜냐하면 의인의 간구는 역사하는 힘이 크기 때문이다(약 5:16).

그러나 모든 기도가 우리가 바라는 대로 응답되는 것은 아니다. 이 사실은 바로 앞에서 사도 야고보가 죽임을 당한 것을 보면 알 수 있는데, 어떻게 응답하실 것인가는 전적인 하나님의 주권이기 때문이다(히 11:34, 37, 믿음으로 칼날을 피하기도 하며 ~ 칼로 죽임을 당하고).

어쨌든 헤롯왕은 무교절이 끝난 다음 날 공개 처형하려고 했는데, 베드로는 그런 급박한 상황 속에서도 깊이 잠들어 있었다. 바울 역시 빌립보 감옥에 갇혔을 때 하나님을 찬송했는데, 그가 그렇게 할 수 있었던 것은 부활하신 주님께서 세상이 줄 수 없는 평안을 그에게 주셨기 때문이다(요 14:27).

그때 천사가 베드로의 탈옥을 돕는데, 감옥에서 나온 즉시 그는 마가의 다락방으로 달려가 성도들에게 주님께서 하신 일을 설명하고, 즉시 다른 곳으로 갔다(17절).

한편 헤롯 왕은 가이사랴에 내려가 연설을 하고 신(神)이라는 소리를 듣게 되는데, 하나님께 영광을 돌리지 않음으로 인해 주의 사자에 의해 죽임을 당한다(22, 23절). 사탄과 대적자들은 한갓 피조물에 지나지 않기에 아무리 날뛰어도 하나님의 일을 방해할 수 없으며, 언젠가는 반드시 멸망하게 되어 있는 것이다. 반면에 어떤 방해에도 불구하고 하나님의 말씀은 계속해서 흥왕할 것이다(24절). 할렐루야!

> "나는 여호와이니 이는 내 이름이라 나는 내 영광을 다른 자에게, 내 찬송을 우상에게 주지 아니하리라" (사 42:8)

사도행전 13장

복음, 예수의 죽으심과 부활

우리도 조상들에게 주신 약속을 너희에게 전파하노니 곧 하나님이 예수를 일으키사 우리 자녀들에게 이 약속을 이루게 하셨다 함이라(13:32, 33)

교회는 그리스도의 몸이기에 머리이신 그분의 말씀을 전적으로 따라야 한다. 즉 가라 하시면 가고, 서라 하시면 서야 하는 것이다. 초대 안디옥 교회가 그랬다.

안디옥 교회가 든든히 서 가자 성령(예수의 영)께서 '바나바와 사울(바울)을 따로 세우라' 명하신다(2절). 그들을 통해 하실 일이 있다는 것인데, 그것은 곧 더 넓은 지역에 복음을 전하는 것이었다.

이에 교회는 금식하며 기도한 후에 이 두 사람에게 안수하여 떠나보낸다. 금식하며 기도했다는 뜻은 자신을 비우고 온전히 주님의 뜻에 따르기 위한 것이었다.

아브라함이 갈대아 우르를 떠날 때 갈 바를 알지 못하고 떠났던 것처럼, 처음 보냄을 받았을 때 이들은 목적지를 알지 못했다. 그런데 성령께서는 이들을 바나바의 고향인 구브로로 인도하신다. 이렇게 우리의 믿음 생활의 주도권은 철저히 주님께 있음을 인정해야 한다.

그곳에서 그들은 거짓 선지자 바예수를 만났는데, 그와의 영적인 싸움에서 승리하고 총독 서기오 바울을 믿음으로 인도한다(6절 이하). 이 마술사는 바예수(Bar Jesus, 구원의 아들)라는 이름과는 달리 실은 구원을 전파하는 자가 아니라 방해하는 자였던 것이다.

이후 그들은 갈라디아 지방에 있는 비시디아 안디옥으로 갔는데, 그곳 회당에서 바울이 복음을 선포한 결과 많은 이방인들이 주님께 돌아오게 된다.

"이방인들이 듣고 기뻐하여 하나님의 말씀을 찬송하며 영생을 주시기로 작정된 자는 다 믿더라"(48절)

그가 전한 복음의 핵심은, 예수님은 하나님이 미리 약속하신 대로 세우신 구주(the Savior)이시며, 그의 죽으심과 부활을 통해 그분을 믿는 사람들이 의롭다 하심을 얻게 된다는 것이다.

그러나 이런 복음을 들은 사람들의 반응은 극명하게 갈렸다. 즉 하나님이 영생을 주시기로 작정된 자들은 다 믿고 하나님의 말씀을 찬송했지만, 유대인들은 오히려 시기가 가득해져 바울이 말한 것을 반박하고 비방했다(45절). 이는 마치 가인이 아우 아벨을 돌로 쳐 죽인 것과 마찬가지 사건인데, 그 이유는 자기의 행위는 악하고 아우의 행위는 의로웠기 때문이었다(요일 3:12).

이렇게 유대인들이 박해하고 심지어 그 지역에서 쫓아내기까지 하였으나 바울과 바나바는 오히려 기쁨과 성령으로 충만해졌다. 이런 일이 있으리라는 것은 이미 오래 전에 예언되었던 것이기 때문이다(41절).

오늘날도 복음을 전하면 이런 반응을 받게 되는데, 이때 우리는 당황하거나 낙심하지 말고 끝까지 담대하게 전해야 한다. 우리는 복음을 전하는 통로일 뿐, 열매 맺게 하시는 분은 하나님이시기 때문이다.

"너희 안에서 행하시는 이는 하나님이시니 자기의 기쁘신 뜻을 위하여 너희에게 소원을 두고 행하게 하시나니"(빌 2:13)

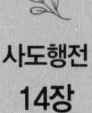

사도행전 14장

선교의 주관자는 하나님

두 사도가 오래 있어 주를 힘입어 담대히 말하니 주께서 그들의 손으로 표적과 기사를 행하게 하여 주사 자기 은혜의 말씀을 증언하시니(14:3)

하나님께서는 성령을 통해 바나바와 사울(바울)을 따로 세우라 명령하셨으며(13:2), 친히 그들의 앞에 가시며 그들을 인도해 오셨다.

이고니온에서도 마찬가지였다. 유대와 헬라의 허다한 무리가 믿었으나 동시에 그들을 반대하며 악감정을 갖도록 선동하는 무리들도 있었다(2절). 그러자 주님께서는 그들의 손으로 표적(miraculous signs)과 기사(wonders)를 행하게 하심으로 복음(은혜의 말씀)을 증언하게 하셨다.

그러나 이런 표적이나 기사를 보고도 대적하는 자들이 많았다. 이를 통해 우리는 기적이 믿음을 가져올 수 없음을 알 수 있는데, 예수께서 죽은 나사로를 살리셨을 때도 사람들은 예수님을 믿은 것이 아니라 오히려 그분을 죽였던 것이다(요 11:53). 사람들은 이렇게 어떤 기적이 자신에게 이익이 되지 않고 남에게 이익이 될 때, 그 기적을 일으켰던 사람을 죽이려는 죄성을 가지고 있기 때문이다.

두 사도는 루스드라에서 나면서부터 걷지 못하는 사람을 일어나 걷게 하는 기적을 행했는데, 이를 본 사람들이 그들을 신(神)으로 섬기려 했다. 자신의 이익을 위해서라면 어떤 것이라도 자기 신으로 만들려는 인간 본연의 죄성의 발로였던 것이다. 그러자 이들은 하나님이야말로 천지 만물을 지으시고 주관하시는 분이며, 그들에게 은혜를 부어주시는 분임을 선포한다(15~17절).

한편 비시디아 안디옥과 이고니온에서 쫓아온 유대인들이 무리를 충동해 바울을 돌로 쳐서 죽이려 했다. 그러나 죽은 줄 알았던 바울은 은혜로 살아난 후 다시 그 성으로 들어갔다가 다음 날 더베로 떠난다. 이때 바울은 자신이 돌로 쳐 죽인 스데반이 떠올랐을 텐데(7:58), 그는 과연 무슨 생각을 했을까?

그가 내린 결론은 '우리가 하나님의 나라에 들어가려면 많은 환난을 겪어야 한다'(22절)는 것이었다. 이 말대로 바울(성도들)은 이후에도 수많은 환난을 당하다가 끝내 로마에서 순교한다.

그러나 바울이 당했던 환난은 성도들의 패배가 아니라 믿음을 위한 연단이며, 지옥을 피하기 위한 백신의 역할을 함을 알아야 한다. 그런 연단을 통해 죄의 결과가 얼마나 무서운 것인가를 경험하며, 주님만 의지하는 자로 지어져가기 때문이다.

이후 바울 일행은 그들이 세운 교회를 다시 방문해 장로를 세우고 주께 그들을 위탁한 후, 그들을 파송했던 안디옥 교회로 돌아와 성도들에게 '하나님이 함께 행하신 모든 일들'을 보고한다. 모든 일들은 주님께서 친히 행하신 것이요, 그들은 다만 통로요 도구로 쓰임을 받았을 뿐이었던 것이다.

> "그들이 이르러 교회를 모아 하나님이 함께 행하신 모든 일과 이방인들에게 믿음의 문을 여신 것을 보고하고"(27절)

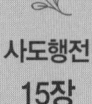

사도행전 15장

구원은 오직 주 예수의 은혜로

그러나 우리는 그들(이방인들)이 우리와 동일하게 주 예수의 은혜로 구원받는 줄을 믿노라 하니라(15:11)

이방인들에게도 복음이 활발히 전파되었지만 아직도 교회 구성원의 대다수는 유대교에서 개종한 사람들이었다. 그리고 그들은 아직도 자신들이 모세의 법(율법)을 받은 것과 그것을 지키는 것을 자랑스럽게 생각했다. 그 결과 이방인들도 구원을 받기위해서는 할례를 받아야 한다고 주장하는 사람들이 있었다(1절).

이 문제를 해결하기 위해 안디옥 교회는 바울과 바나바 그리고 몇 사람을 예루살렘에 있는 사도들과 장로들에게 보낸다.

먼저 베드로가 이방인 고넬료의 예를 들어 말한다. 하나님께서 할례받지 않은 이방인들에게도 성령을 주어 증언하시고, '믿음으로' 그들을 깨끗케 하사 차별하지 않으셨음과 '왜 우리도 능히 메지 못하는 멍에를 제자들에게 지우려 하느냐' 말했던 것이다(8~11절).

바나바와 바울 또한 그들이 이방인들에게 복음을 전할 때 하나님께서 자기들로 말미암아 표적과 기사를 행하신 것을 말했다. 그러자 예수님의 형제며 당시 예루살렘 교회의 지도자였던 야고보가 다음과 같은 의견을 제시한다. 즉 이방인 성도들을 다른 문제(할례 포함)로 괴롭게 하지 말고 다만 우상의 더러운 것(우상에게 드려진 제물)과 음행과 목매어 죽인 것과 피를 멀리하라는 내용이었다(19, 20절).

당시 식사 교제는 성도들 간에 필수불가결한 것이었는데, 그럴 때 고기를 먹는 경우가 많았다. 그런데 당시에는 우상에게 드려졌던 고기가 시중에 많이 유통되고 있었기 때문에, '고기가 우상에게 드려졌던 제물이라는 것을 안다면 그런 고기는 먹지 말라' 말했던 것이다. 음행(淫行)은 영적으로 주님의 성전인 몸을 더럽히는 것이기에 마땅히 피해야 하며, 생명을 뜻하는 피를 먹지 말라는 지시는 지극히 당연한 것이었다.

물론 신약 시대를 사는 그리스도인들은, 모든 음식은 하나님께서 주신 것이기에 감사함으로 먹으면 된다(딤전 4:3, 4). 그리고 참된 할례는 믿음을 확증하는 것이기에 양피(陽皮)가 아니라 마음에 해야 한다(롬 2:29). 그러나 우리는 형제가 시험에 들지 않도록 모든 행동거지를 조심해야 한다.

그렇다. 구원은 할례와 같은 율법을 지켜서가 아니라 오직 주님의 은혜로 받는 것이다. 그러기에 모든 그리스도인들은 그리스도 예수 안에서 자유할 수 있다. 그러나 우리는 형제가 시험에 들지 않도록 행동거지를 조심해야 하며, 그들의 구원을 위해 스스로 삼갈 줄도 알아야 한다. 예수님께서 귀한 핏값을 치르시고 그 형제들을 사셨기 때문이다.

"너희는 값으로 사신 것이니 사람들의 종이 되지 말라 형제들아 너희는 각각 부르심을 받은 그대로 하나님과 함께 거하라"(고전 7:23, 24)

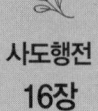

사도행전 16장

남이(성령께서) 네게 띠 띠우고

무시아 앞에 이르러 비두니아로 가고자 애쓰되 예수의 영(성령)이 허락하지 아니하시는지라(16:7)

우리는 흔히 하나님의 일을 한다고 하면서도 하나님의 뜻을 먼저 묻기보다는 자기 계획을 세워놓고 그 계획을 이뤄달라고 기도한다. 이는 한마디로 주객이 전도된 것이다. 왜냐하면 우리는 그저 하나님의 뜻을 이루는 통로요 도구일 뿐이며, 우리의 주인은 주님이시기 때문이다.

바울 역시 우리와 다르지 않았는데, 나름대로 열심을 가지고 아시아에 말씀을 전하려 했다. 그동안에 많은 열매를 거뒀으며, 앞으로도 충분히 잘할 수 있을 것 같았기 때문이다.

그러나 하나님의 생각은 달랐다. 이제는 아시아를 넘어 유럽으로 사역의 방향을 틀 필요가 있으셨던 것이다. 그러기에 예수의 영(성령)을 보내 바울 일행을 마게도냐로 보내신다(9절).

그렇게 유럽으로 갔을 때 하나님께서는 그곳에 이미 자기 백성을 준비시켜놓으셨다. 빌립보에서 두아디라의 자주 장사 루디아를 만나, 그녀가 마음을 열고 바울의 말(복음)을 따르게 하셨던 것이다(14절).

이렇게 전도는 우리가 하는 것이 아니라 주님께서 친히 하시는 것이다. 그러기에 우리는 열심히 전도를 하되 많은 열매를 맺어도 자기를 자랑해서는 안 되며, 당장 열매가 없어도 낙심할 필요가 없다. 주님께서 택한 백성이라면 늦게라도 반드시 주님께 돌아올 것이기 때문이다.

이후 바울과 실라는 귀신들린 여종에게서 귀신을 쫓아내 수입을 끊게 한 죄목으로 감옥에 보내지는데, 그 안에서 그들은 오히려 기도하며 찬송을 부른다(25절). 죽든지 살든지 하나님께서 가장 선한 길로 인도해 가실 줄로 믿었기 때문이다. 실제로 그들은 무사히 풀려났으며, 그 일로 말미암아 간수와 그 가족들이 구원을 얻는 놀라운 일이 벌어졌던 것이다(34절). 할렐루야!

그렇다. 성령 받은 사람은 성령의 음성에 예민해야 하며, 내 뜻(계획)을 꺾고, 그분의 뜻에 따라야 한다. 그런데 타락한 우리의 뜻은 잘못된 것이 많기에 억지로 끌려가는 것 같이 생각될 때가 많은데, 그럴 때도 그분은 항상 옳으심을 믿고 그분께 순종해야 한다. 그러다 보면 그분을 만나 뵐 날이 속히 올 것이다.

"내가 진실로 진실로 네게 이르노니 네가 젊어서는 스스로 띠 띠고 원하는 곳으로 다녔거니와 늙어서는 네 팔을 벌리리니 남이 네게 띠 띠우고 원하지 아니하는 곳으로 데려가리라" (요 21:18)

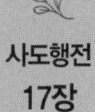

사도행전 17장

생명과 호흡과 만물을 주시는 하나님

또 무엇이 부족한 것처럼 사람의 손으로 섬김을 받으시는 것이 아니니 이는 만민에게 생명과 호흡과 만물을 친히 주시는 이심이라(17:25)

사람들은 익숙한 것을 좋아한다. 그러기에 애굽에 살던 이스라엘 백성들은 하나님께서 출애굽 시키시기 전까지의 400여 년을 애굽의 종인 줄도 모르고 아무 생각 없이 살았던 것이다.

헤롯이 왕으로 있을 때도 마찬가지였다. 그들은 아무 소망이나 기대도 없이 그저 하루하루를 살았다. 그러기에 어느 날 동방 박사들이 와서 '유대인의 왕으로 나신 이가 어디 있느냐?' 물었을 때, 헤롯왕과 온 예루살렘 사람들이 소동했던 것이다(마 2:2).

예수님의 십자가 은혜로 이 땅에 처음 그리스도의 몸인 교회가 탄생했을 때도 마찬가지였다. 믿지 않는 세상 사람들은 자신들에게 익숙한 기존의 삶의 방식과 다르게 살아가는 성도들을 보고는 소동을 일으켰으며, 급기야 전염병 같은 자들이라 불렀다(행 24:5). 자신들에게 아무 해(害)가 되지 않음에도 불구하고, 자신들과 다르다는 것이 이유였던 것이다.

바울이 데살로니가에서 복음을 전했을 때도 마찬가지였다. 그가 예수님의 죽으심과 부활을 전했을 때 그곳에 있던 유대인들이 바울 일행을 '천하를 어지럽게 하는 자들'이라 부르며 소동을 일으켰던 것이다(6절). 과연 오늘날 그리스도인들은 초대교회 성도들처럼 세상과 다르게 살아가고 있는가? 아니면 세상 풍조에 휩쓸려 세상보다 더 세상적으로 살고 있는가?

한편 오늘날 그리스도인들도 세상으로부터 많은 욕을 먹고 있다. 그런데 과연 그 이유가 그들이 하나님 나라의 삶의 방식으로 살아가며 복음을 전하고 있기 때문인가, 아니면 자신들의 죄 때문인가?

232 그리스도로 보는 복음서

바울은 아테네 사람들이 수많은 우상을 섬기는 것을 보면서 하나님이 어떤 분이신지를 선포한다. 하나님은 천지 만물을 지으신 분으로서 사람이 만든 신전에 계시지 않으며, 스스로 자존(自存)하시기에 사람으로부터 무엇인가를 필요로 하시는 분이 아니라는 것이다. 나아가 각 사람이 태어나고 먹고 사는 것 모두가 그분의 은혜이며, 그분이 누구신가를 알게 하시기 위함이다.

그렇다. 사람이 하나님을 위해 무엇인가를 해드리는 것이 아니라, 모든 사람은 하나님을 힘입어 살며 기동하며 존재한다(28절). 그러므로 우리는 베뢰아 사람들처럼 간절한 마음으로 말씀을 받고 성경을 상고하는 가운데, 하나님이 어떤 분이시며, 우리를 위해 무엇을 해주셨으며, 우리에게 원하시는 것이 무엇인지를 배우고, 그 말씀(뜻)에 순종해야 한다. 그렇게 하는 것이 영원한 죽음에서 벗어나 영생을 얻는 길이다.

> "영생은 곧 유일하신 참하나님과 그가 보내신 자 예수 그리스도를 아는 것이니이다"(요 17:3)

사도행전 18장

하나님의 말씀에 붙잡혀

~ 바울이 하나님의 말씀에 붙잡혀 유대인들에게 예수는 그리스도라 밝히 증언하니 (18:5)

사람들은 영웅을 만들며, 그 영웅과 자신을 동일시하길 좋아한다. 믿는 사람들의 그 영웅 중 하나가 사도 바울이다. 다메섹 도상에서 부활하신 예수님을 만난 후 평생을 선교에 바친 바울과 같아지길 바라며, 자신을 바울에게 대입하는 것이다.

그러나 전도자는 수단이요 통로일 뿐, 선교나 전도에 있어서의 주관자는 삼위일체 하나님이시다. 오늘 본문도 이를 명확히 보여주고 있는데, 바울이 그저 '하나님의 말씀에 붙잡혀' 예수는 그리스도라 밝히 증언했을 뿐인데 믿는 자가 생기더라는 것이다.

이런 사실은 환상 가운데 나타나신 주님의 말씀에도 명확히 드러나 있다.

> "내가 너와 함께 있으매 어떤 사람도 너를 대적하여 해롭게 할 자가 없을 것이니 이는 이 성중에 내 백성이 많음이라 하시더라" (10절)

이미 창세전에 하나님께서 택하신 백성들이 이 성(城) 중에 많이 있다는 것이다. 즉 누가 구원받을 사람인지는 이미 창세전에 결정되어 있는데, 복음이 전해질 때 비로소 그 사실이 겉으로 드러난다는 것이다. 그러므로 우리는 모든 영광을 바울과 같은 어떤 특정한 사람이 아니라 오직 주님께만 돌려야 하는 것이다.

어쨌든 바울은 고린도에서 아굴라와 그의 아내 브리스길라라는 두 사람의 동역자를 만나게 된다. 이 둘은 마침 바울처럼 천막을 만드는 사람들로서 함께 교제하며 하나님 나라 확장을 위해 동역하게 된다.

또 유대인들이 바울을 대적했지만 주님께서 디도 유스도와 회당장 그리스보를 회심케 해 붙여주심으로 18개월 동안 고린도에 머물며 복음을 전하게 하신다. 주님께서 바울에게 서로 위로하고 동역할 사람들을 붙여주신 것이다. 할렐루야!

더 나아가 유대인들이 바울을 법정에 세웠지만 아가야 총독 가이오가 재판을 거부함으로써 다른 지방에서 아무런 법적 제재를 받지 않고 복음을 전하게 된다. 이 모든 일들이 하나님의 미리 예비하심이었던 것이다.

그렇다고 모든 일이 우리의 계획대로 진행된다는 뜻은 아니다. 우리는 그저 말씀과 기도를 통해 주님의 뜻을 먼저 묻고, 행동하면 된다. 그러기에 바울은 에베소 성도들이 더 오래 머물기를 청했을 때 '만일 하나님의 뜻이면 다시 돌아오리라' 말하며 떠났던 것이다. 바울의 주인은 바울 자신이 아니라 주님이시기 때문이다.

그러므로 오늘도 우리는 자신을 비우고 오직 말씀에 순종하는 삶을 살아내야 한다. 그럴 때 그 결과에 대한 모든 책임을 주님께서 져주실 것이며, 마침내 '잘했다 충성된 종아' 라는 칭찬을 듣게 될 것이다.

"주인이 이르되 잘하였다 착한 종이여 네가 지극히 작은 것에 충성하였으니 열 고을 권세를 차지하라 하고" (눅 19:17)

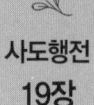

사도행전 19장

능력을 행하시는 분은 하나님

하나님은 바울을 통해 희한한 기적들을 행하셨다(19:11, 현대인의 성경)

우리는 영이신 하나님, 그래서 눈에 보이지 않는 하나님을 보기보다는 사람(사역자들)을 보기가 쉽다. 그 결과 하나님께 돌려야 할 영광을 사람에게 돌리거나, 또 스스로 하나님의 영광을 가로채는 자들이 있다. 그러나 그런 행위는 그런 사람을 파멸시키는 것이기에 마땅히 지양되어야 하며, 모든 영광은 오직 하나님께만 올려드려야 한다.

> "나는 여호와이니 이는 내 이름이라 나는 내 영광을 다른 자에게, 내 찬송을 우상에게 주지 아니하리라"(사 42:8).

하나님께서는 사도 바울을 통해서도 많은 이적과 기사를 행하셨다. 귀신을 쫓아내고 병을 고치며 죽은 자를 살리기도 했는데, 심지어 바울이 쓰던 손수건이나 앞치마를 병든 사람 위에 얹으면 병이 낫거나 악귀가 쫓겨나가기도 했다(12절).

그러나 이 모든 기적들은 부활하신 예수님에 의해 이미 하나님 나라가 이 땅에 임했다는 증거일 뿐이며, 누군가에게 그런 능력이 주어졌다는 뜻은 아니다. 만약 그런 능력이 사유(私有)된 것이라면 왜 바울 자신은 그렇게 많은 질병에 시달렸으며, 또 사랑하는 제자 디모데가 위장병에 걸렸을 때 치료해주지 못하고 그저 '포도주를 좀 써 보라'고 권했겠는가?(딤전 5:23).

그러므로 우리는 열심히 병 낫기를 위해 기도하되, 혹시 치유되더라도 치유를 일으킨 사람이 아니라 그런 은혜를 주신 하나님을 바라보고 오직 그분께만 영광을 돌려야 한다.

한편 바울이 많은 치유의 기적을 베푸는 것을 본 사람들이, 바울이 전하는 '예수의 이름으로' 귀신을 쫓는 이적을 일으키고자 했으나 실패하고, 오히려 그 악귀에게 공격당해 몸을 상하는 일이 벌어졌다(13~16절).

여기서 우리는 예수의 이름 자체가 무슨 능력이 있는 부적(符籍)과 같은 것이 아님을 알 수 있다. 이웃집 자녀가 내 이름을 부른다고 해서, 그 아이가 내게 내 자녀와 똑같은 권리를 주장할 수 있는 것이 아닌 것과 마찬가지다.

다시 말해서 예수의 이름에 분명히 능력이 있지만 그 능력은 내 마음대로 사용할 수 있는 것이 아니며, 주님의 뜻에 맞을 때 주님께서 친히 우리를 통해 사용하시는 것임을 알 수 있다.

어쨌든 이 놀라운 사건을 통해 많은 사람들이 주 예수를 믿게 되었으며, 많은 사람들이 마술을 행하는 데 쓰던 책들을 가져와 태우기도 했다. 한마디로 이들은 자기 생업을 버리고 예수님을 믿고 따랐던 것이다.

그렇다. 내 인생의 주인이 내 자신에게서 주님(the Lord)으로 바뀌면 진정한 회개와 함께 이런 놀라운 변화가 일어나게 되어있다. 그동안 죄의 종으로 살던 자리에서 떠나 이제는 주님의 자녀로서의 삶, 주님을 기쁘시게 하는 삶을 살게 되는 것이다.

우리는 예수님의 은혜로 이미 하나님의 자녀가 되었다. 그러므로 그에 합당한 삶을 살아내야 한다. 아니 반드시 그런 삶이 우리에게서 나오게 되어 있다. 왜냐하면 우리 안에는 부활하신 예수께서 보내주신 그리스도의 영, 즉 성령이 거하시며 친히 우리를 이끌어 가시기 때문이다. 할렐루야!

"우리가 알거니와 우리의 옛 사람이 예수와 함께 십자가에 못 박힌 것은 죄의 몸이 죽어 다시는 우리가 죄에게 종노릇하지 아니하려 함이니" (롬 6:6)

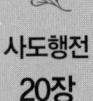

사도행전 20장

나는 성령에 매여

이제 나는 성령에 매여 예루살렘으로 가는데 거기서 무슨 일을 당할는지 알지 못하노라 오직 성령이 내게 증언하여 결박과 환난이 나를 기다린다 하시나 (20:22, 23)

에베소에서의 소동을 뒤로한 채 바울은 마게도냐를 거쳐 아가야 지방에까지 가서 복음을 전한다. 그 후 예루살렘으로 가려하는데, 유대인들이 배 위에서 해치려 한다는 소식을 듣고 배를 타지 않고 마게도냐를 거쳐 육상으로 가기로 한다. 그런 여정 중에 그는 오순절 안에 예루살렘에 도착하기 위해서 삼 년 동안이나 공들여 세웠던 에베소 교회를 들르지 않는다.

그러나 교회를 사랑했기에, 그는 밀레도에서 에베소 교회의 장로들을 불러 교회를 잘 이끌어 달라고 당부한다(17절 이하). 성령으로부터 이제 곧 사나운 이리 같은 거짓 선지자들이 일어나 교회를 해칠 것이라는 말씀을 들었기 때문이다. 실제로 에베소 교회는 곧 첫사랑을 잃어버렸다고 주님께 책망을 받는다(계 2:4).

그러나 어찌 사람의 힘으로 교회를 지킬 수 있겠는가? 교회의 주인도 그리고 교회를 지키실 수 있는 분도 주님이시기에, 바울은 성도들을 주님과 주님의 말씀에 부탁드린다.

> "지금 내가 여러분을 주와 및 그 은혜의 말씀에 부탁하노니 그 말씀이 여러분을 능히 든든히 세우사 거룩하게 하심을 입은 모든 자 가운데 기업이 있게 하시리라" (32절)

그러므로 우리는 믿음을 지키기 위해 매일 말씀을 가까이하며, 말씀이신 그분의 뜻을 잘 분별해야 한다. 왜냐하면 성경은 그분의 뜻(사랑)을 문자로 적어놓은 것이기에, 그분의 도우심이 없으면 그분의 진정한 뜻을 알 수 없기 때문이다.

한편 바울은 지금까지도 많은 환난과 핍박을 받았으며, 또한 앞으로 닥칠 환난에 대해서도 잘 알고 있었다. 그럼에도 결코 그 길을 피하지 않았는데, 그는 주인이신 주님의 뜻을 수행하는 종이었기 때문이다(롬 1:1, 예수 그리스도의 종 바울은).

바울뿐만 아니라 모든 성도들 역시 하나님께서 자기 피로 사신 종들이다(28절). 다시 말해서 성령에 매인, 성령에 붙잡힌 사람들인 것이다. 그러기에 성령의 뜻이 아니라 자기 뜻과 계획대로 살려 할 때, 오히려 더 괴로울 수밖에 없다.

물론 성령에 매인 삶을 산다고 해서 이 세상에서 편안하고 순탄한 삶을 살게 된다는 뜻이 아니다. 오히려 사도들이 성령에 매여 순교의 자리까지 끌려간 것처럼 모든 참된 성도들 역시 십자가의 삶을 반드시 살게 되어 있다(계 20:4, 목 베임을 받은 자들).

그러나 성도들의 인생은 성령 하나님께서 친히 동행하시는 삶이기에, 그분께서 우리에게 힘 주시고 위로하시며, 마침내 새 하늘과 새 땅으로 인도하실 것이다. 할렐루야!

> "이는 보좌 가운데에 계신 어린 양이 그들의 목자가 되사 생명수 샘으로 인도하시고 하나님께서 그들의 눈에서 모든 눈물을 씻어 주실 것임이라"(계 7:17)

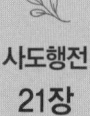

사도행전 21장

주의 뜻대로 이루어지이다

나는 주 예수의 이름을 위하여 결박당할 뿐 아니라 예루살렘에서 죽을 것도 각오하였노라 하니 그가 권함을 받지 아니하므로 우리가 주의 뜻대로 이루어지이다 하고 그쳤노라(21:13, 14)

예루살렘으로 올라가는 마지막 여정 동안 바울은 곳곳에 있는 교회들을 방문했는데, 성도들은 이 만남이 마지막이 될 줄로 알고 크게 울며 함께 기도했다.

그런 가운데 여러 사람들이 '성령의 감동으로' 바울더러 예루살렘에 올라가지 말라 권한다. 그곳에서 바울이 결박당해 이방인들에게 넘겨질 것을 알았기 때문이다. 심지어 아가보라는 선지자는 바울의 띠를 써서 바울이 꽁꽁 묶이는 장면을 연출하기도 했다(11절).

그러나 예루살렘으로 올라가고자 하는 바울의 결심은 확고했다. 그는 자신의 안위보다 주님의 교회를 더 중요하게 생각했기에, 그 교회를 위해 결박당하는 것뿐 아니라 죽을 것도 각오했기 때문이다(13절). 그러자 그들은 '주의 뜻대로 이루어지이다' 기도하고 그를 보내주었다.

그렇게 바울은 예루살렘에 올라갔고, 거기서 성령의 말씀대로 유대인들에게 붙잡혀 이방인들의 손에 넘겨진다.

그러나 정말 중요한 것은 주님의 뜻이 이루어졌느냐의 여부이다. 비록 바울은 성령의 경고하심대로 예루살렘에서 투옥되고 로마까지 끌려가게 되었지만, 그는 소원대로 로마에 가서 그곳 성도들을 만나 그들의 믿음을 든든히 세우게 되었던 것이다(롬 1:12, 13).

예수님께서도 십자가에 달리실 것을 아셨음에도 예루살렘으로 올라가셨고(눅 9:51), 또 겟세마네 동산에서 아버지의 뜻이 이루어지기를 기도하셨다(눅

22:42, 내 원대로 마시옵고 아버지의 원대로 되기를 원하나이다). 바울 역시 그 주님과 똑같은 길을 갔으며, 주님의 뜻을 이루는 데 쓰임을 받았던 것이다.

이와 달리 우리는 주님의 뜻을 묻기 위해 기도하면서도, 가급적 자신에게 유리하고 편한 길로 인도해주시길 바라는 경우가 많다. 그러나 기도는 주님의 뜻을 구하는 성도의 겸손이자 주님의 뜻에 순종하고자 하는 결단이기도 하다. 그러기에 우리의 편함이나 유익이 아니라 주님의 뜻을 이루는 길이 무엇인가를 묻고, 온갖 환난이 예상되더라도 반드시 그 길을 가야 한다. 죄인 중에 괴수인 나를 부르시고 거룩한 주님의 일에 써주신다는 것이 얼마나 기쁜 일인가?

우리는 주님을 위해 지음을 받았다(사 43:21). 그러므로 우리가 원하든 원치 않든 주님의 뜻대로 살아가게 되어 있다. 그러므로 기쁘게 그리고 자발적으로 주님을 위해 살아가도록 하자.

"그런즉 너희가 먹든지 마시든지 무엇을 하든지 다 하나님의 영광을 위하여 하라"(고전 10:31)

사도행전 22장

예수의 증인

네가 그(예수)를 위하여 모든 사람 앞에서 네가 보고 들은 것에 증인이 되리라 (22:15)

바울은 길리기아의 다소에서 출생한 유대인으로서 나면서부터 로마 시민이었다. 또 그는 예루살렘에서 랍비 가말리엘의 문하생으로서 철저한 유대인 교육을 받고 자랐으며, 하나님께 대한 열심이 뛰어난 사람이었다.

그러나 문제는 그가 율법의 진의와 성경(구약)이 예수 그리스도에 대한 말씀이라는 것을 알지 못했으며, 그 결과 예수를 믿는 자들을 박해(살해, 투옥 등)하는 데 앞장을 섰다는 것이다.

그러나 그는 창세전에 택함받은 하나님의 백성이었기에 때가 되자 부활하신 예수께서 그를 찾아오셔서 만나주시고, 그분의 증인으로 부르신다(6절 이하).

여기서 증인이라는 단어는 순교자(martyr)와 같은 단어인데, 모든 성도들 역시 바울처럼 예수의 증인으로서 이 세상에서 순교의 삶을 살게 되어 있다. 즉 성도들은 공중의 권세 잡은 자(사탄)가 다스리는 이 세상에 결코 동화되거나 만족할 수 없게 된다. 다시 말해서 마치 목 베임을 당한 자와 같은 삶을 살게 되는데, 그런 삶은 패배가 아니라 주님 안에서 승리이며, 천년 왕국에서의 왕 노릇이다(계 20:4).

> "내가 나의 두 증인(=성도들)에게 권세를 주리니 그들이 굵은 베옷을 입고 천이백육십 일(= 삼 년 반 = 인생)을 예언하리라"(계 11:3).

그런 일이 바울에게도 즉시 일어났으니, 바울이 주님께서 '속히 예루살렘에서 나가라 이들이 네가 내게 대하여 증언하는 말을 듣지 아니하리라' 하셨다는 말을 하자마자 유대인들이 그를 없애려고 즉시 달려들었다(22절). 왜냐하면 세상 사람들은 자신들에게 이익이 되지 않거나 자신들을 책망하는 사람들을 용납하지 못하기 때문이다.

그러나 성도들은 사명이 끝나기까지는 절대로 죽지 않는다. 왜냐하면 천지의 주재이신 주님께서 그 주어진 사명을 위해 그들에게 생명을 주시고 또 택하셨기 때문이다. 할렐루야!

그러기에 우리는 행동하기 전에 주님께서 왜, 무엇을 위해 부르셨는지를 알아야 한다. 바울은 주님께서 자신을 이방인의 사도로 부르셨음을 분명히 알았기에, 끝까지 그 사명을 위해 자신을 던질 수 있었던 것이다(21절, 내가 너를 멀리 이방인에게로 보내리라).

> "너희는 가서 모든 민족을 제자로 삼아 아버지와 아들과 성령의 이름으로 세례를 베풀고 내가 너희에게 분부한 모든 것을 가르쳐 지키게 하라"(마 28:19, 20)

사도행전 23장

담대하라

그날 밤에 주께서 바울 곁에 서서 이르시되 담대하라 네가 예루살렘에서 나의 일을 증언한 것같이 로마에서도 증언하여야 하리라 하시니라(23:11)

사도 바울은 온갖 환난을 다 당하고 여러 번 죽임을 당할 위기에 처했었다. 그리고 그를 해치려는 사람들도 로마인, 유대인, 이방인 등 다양했다.

> "내가 수고를 넘치도록 하고 옥에 갇히기도 더 많이 하고 매도 수없이 맞고 여러 번 죽을 뻔하였으니"(고후 11:23).

그런데 그는 이 모든 위기에서 살아남았다. 그가 살아남을 수 있었던 것은 남들보다 임기응변이 뛰어나거나 운이 좋아서가 아니었다. 그가 살아남을 수 있었던 원인은 오직 하나 주님께서 그와 함께하시며 지켜주셨기 때문인데, 그에게는 아직도 로마에 가서 예수 그리스도에 대해 증언하는 사명이 남아 있었던 것이다(11절). 다시 말해서 그는 창세전에 이미 이방인들에게 복음을 전하도록 택함을 받은 그릇이었던 것이다.

> "주께서 이르시되 가라 이 사람(바울)은 내 이름을 이방인과 임금들과 이스라엘 자손들에게 전하기 위하여 택한 나의 그릇이라"(행 9:15)

그러기에 그는 사방으로 우겨쌈을 당하여도 싸이지 아니하며, 답답한 일을 당하여도 낙심하지 아니하며, 박해를 받아도 버린 바 되지 아니하며, 거꾸러뜨림을 당하여도 망하지 아니할 수 있었다. 그가 특별한 사람이어서가 아니라 주님께서 함께하시며, 힘 주시고 보호해주셨기 때문이다.

바울뿐 아니라 모든 성도들 또한 창세전에 하나님의 자녀로 택함을 받은 자들이다. 그리고 무슨 특별한 일을 해서가 아니라 삶을 통해 내 안에 살아계신 그리스도를 증거하는 삶을 살도록 부름을 받은 그릇들이다(고후 4:7).

"곧 창세전에 그리스도 안에서 우리를 택하사 우리로 사랑 안에서 그 앞에 거룩하고 흠이 없게 하시려고"(엡 1:4)

그러므로 바울처럼 택함받은 우리들도 때로 바울과 같은 상황에 처하게 될 것이다. 질그릇인 우리가 깨어져야 우리 안에 계신 보배이신 예수 그리스도께서 드러나기 때문이다.

지금 죄 때문이 아니라 예수 그리스도를 믿는 믿음으로 인해 핍박을 당하고 있는가? 그렇다면 기뻐하고 담대하라. 왜냐하면 우리가 당하는 환난과 핍박은 주님께서 우리를 그분을 증언할 자녀로 불러주신 것과 및 지금 우리와 함께하고 계신 증거이기 때문이다.

"네가 말하기를 여호와는 나의 피난처시라 하고 지존자를 너의 거처로 삼았으므로 화가 네게 미치지 못하며 재앙이 네 장막에 가까이 오지 못하리니"(시 91:9, 10)

"사랑하는 자들아 너희를 연단하려고 오는 불 시험을 이상한 일 당하는 것같이 이상히 여기지 말고 오히려 너희가 그리스도의 고난에 참여하는 것으로 즐거워하라 이는 그의 영광을 나타내실 때에 너희로 즐거워하고 기뻐하게 하려 함이라"(벧전 4:12, 13)

사도행전 24장

이 사람은 전염병 같은 자라

우리가 보니 이 사람은 전염병 같은 자라 천하에 흩어진 유대인을 다 소요하게 하는 자요 나사렛 이단의 우두머리라(24:5)

가이사랴의 감옥에 갇혀있던 바울을 고소하기 위해 내려온 대제사장과 장로들은 바울을 '전염병 같은 자' '나사렛 이단의 우두머리' 라 고발한다.

이들의 목적은 '유대인들을 선동하여 로마에 반역을 일으키려 한다' 는 죄목을 씌워 바울에게 중형을 내리게 하려는 뜻이었을 것이다.

물론 바울이 가는 곳마다 유대인들에 의해 소동이 일어나기는 했다. 그러나 그것은 로마에 대한 반역으로서가 아니라 바울이 선포한 복음에 대한 반감에서 비롯된 것이었다. 유대인들은 그들이 십자가에 못 박아 죽였던 예수가 바로 구약 성경이 약속했던 메시아였다는 바울의 선포를 도저히 용납할 수 없었던 것이다. 만약 그것이 사실이라면, 지금까지 그렇게 열심으로 숭배하던 하나님을 그들 스스로 살해한 꼴이 되기 때문이다.

한편 우리가 복음을 전할 때도 처음에는 이런 반응이 나오는 것이 정상이다. 왜냐하면 올바른 복음은 의와 절제와 장차 오는 심판에 관한 내용을 포함하는 것이기 때문이다(25절). 다시 말해서 복음은 그동안 따르던 이 세상 풍조를 버리고 새로운 길로 나아가는 것을 의미하기에(엡 2:2), 세상 사람들로부터 세상을 무너뜨리는 전염병이라는 평가를 받을 수 있어야 한다는 뜻이다.

이런 면에서 만약 우리가 복음이라고 선포했는데도 아무런 소동이 일어나지 않는다면, 우리가 선포한 복음이 너무 세속화된 복음이 아닌가 돌아봐야 한다. 왜냐하면 성령께서 오셔서 하는 일은 예수님의 말씀이 생각나게 하는 것과(요 14:26), 죄에 대하여, 의에 대하여 그리고 심판에 대하여 세상을 책망하시는 것이기 때문이다(요 16:8).

한편 자신의 죄에 대해 책망받을 때 세상(택함받지 못한 자들)은 반드시 소동하며, 대적하게 되어있다. 그런데 아무런 소동이 없다는 것은 복음이 제대로 선포된 것이 아닐지도 모른다는 뜻이다. 실제로 예수님이 유대인의 왕으로 태어나셨다는 소식을 들은 헤롯왕과 온 예루살렘이 소동했으며(마 2:3), 끝내 그분을 십자가에 못 박았던 것이다.

그렇다. 복음은 주님께서 눈과 귀를 열어주시지 않으면 도저히 이해될 수가 없다(마 13:14). 모든 사람은 영적으로 죽어서 태어나기에 하나님께서 먼저 살려주시지 않으면 듣거나 볼 수 없으며, 피조물인 인간이 하나님의 뜻을 완전히 알 수는 없기 때문이다.

그러기에 부활, 승천하신 주님께서 우리에게 진리의 성령을 보내주심으로써 우리로 하여금 '믿음으로' 모든 것을 듣고 볼 수 있는 은혜를 주신 것이다. 할렐루야!

그러므로 우리는 오늘도 성령을 힘입어 복음(진리)을 힘차게 선포해야 한다. 그러면 주님께서 친히 일하심으로 복음이 누룩처럼, 전염병처럼 땅끝까지 전파될 것이다.

> "너는 말씀을 전파하라 때를 얻든지 못 얻든지 항상 힘쓰라 범사에 오래 참음과 가르침으로 경책하며 경계하며 권하라" (딤후 4:2)

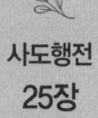

사도행전 25장

로마에도 복음 전하기를 원하노라

만일 내가 불의를 행하여 무슨 죽을죄를 지었으면 죽기를 사양하지 아니할 것이나
~ 내가 가이사께 상소하노라 한대(25:11)

사도 바울은 총독 벨릭스에 의해 2년간 가이사랴의 감옥에 갇혀 있었다(24:27). 왜 하나님은 그 능력 있는(?) 바울을 감옥에서 썩히고 계신 것일까?

우리는 그 이유를 정확히 알 수 없다. 그러나 세상만사를 뜻대로 다스리는 분이 하나님이시기에, 우리가 알지 못하는 그분의 계획에 따라 그렇게 하신 것은 틀림이 없다. 바울의 육체에 가시(질병)를 허락하셨던 것처럼(고후 12:7), 비록 그를 감옥에 가두셨지만, 하나님은 쉬지 않고 일하고 계셨던 것이다.

사실 유대인들은 바울을 죽이려고 온갖 수단과 방법을 가리지 않았다. 이번에도 올라오는 도중에 살해하려고, 그를 예루살렘으로 부르려 했다. 그런데 하나님께서는 총독 베스도를 통해 이런 그들의 계획을 무산시키셨다. 모든 만물은 스스로 결정하며 살아가는 것 같아 보인다. 그러나 실은 로마 총독 베스도를 포함한 모든 만물들은 하나님의 장중에 붙잡혀 있는 그분의 도구에 지나지 않는다.

어쨌든 유대인들의 살해 공작은 집요하게 계속되었기에 바울은 가이사(로마 황제)에게 상소한다. 당시 로마 시민은 로마 황제에게 재판받을 권리가 있었는데, 바울은 그렇게 함으로써 살해 위협을 피함은 물론 로마에 복음을 전할 수 있는 기회를 얻고자 했던 것이다(19:21, 내가 거기 갔다가 후에 로마도 보아야 하리라). 또한 이것은 하나님의 계획이기도 했다.

> "그날 밤에 주께서 바울 곁에 서서 이르시되 담대하라 네가 예루살렘에서 나의 일을 증언한 것같이 로마에서도 증언하여야 하리라 하시니라"(23:11)

248　그리스도로 보는 복음서

바울의 인생뿐만 아니라 오늘날 우리의 인생 또한 하나님께서 주관하고 계신다. 그러기에 비록 우리 스스로 택한 길을 걸으며 불안해할 수도 있지만, 그 모든 길은 주님이 인도하며 동행하고 계신 길이다. 그리고 그 길을 걸어가는 동안에 우리는 하나님의 자녀로 성숙되며, 우리 안에 계신 진리 되신 주님을 증거하게 된다.

그러므로 사도 바울을 부러워하거나 닮으려 하지 말고, 매 순간 기도하는 가운데 주님의 인도하심을 구하며, 주님의 자녀로 삼아주신 것에 감사하며, 열심히 걸어가도록 하자.

> "내가 진실로 진실로 네게(성도들) 이르노니 네가 젊어서는 스스로 띠 띠고 원하는 곳으로 다녔거니와 늙어서는 네 팔을 벌리리니 남(성령)이 네게 띠 띠우고 원하지 아니하는 곳으로 데려가리라" (요 21:18)

사도행전 26장

성도의 사명 = 증인으로서의 삶

그들에게 보내어 그 눈을 뜨게 하여 어둠에서 빛으로, 사탄의 권세에서 하나님께로 돌아오게 하고 죄 사함과 나를 믿어 거룩한 자 가운데 기업을 얻게 하리라 (26:18)

사도 바울은 총독 베스도와 아그립바왕 앞에서 다시 한번 스스로 변론한다. 그 변론은 단순한 무죄 주장이 아니라 자신을 구원해 주신 그리스도 예수를 증거하는 것이었다. 그러기에 바울의 말을 들은 아그립바는 '네가 적은 말로 나를 권하여 그리스도인이 되게 하려 한다' 말했던 것이다. 이렇게 바울은 어느 누구 앞에서든지 담대하게 부활하신 예수 그리스도를 선포했다.

그러나 그가 처음부터 그랬던 것은 아니다. 그는 유대교를 믿는 자들 중에서 가장 엄했던 바리새파로서 율법을 열심히 지켰으며, 자신들을 구원하기 위해 메시아를 보내주시겠다는 하나님의 약속을 굳게 믿었다(7절). 그렇지만 그는 초라한 모습으로 오셔서 무기력하게 십자가에 달려 돌아가신 예수가 하나님이 약속하신 그 메시아이심을 알지 못했다. 그 결과 그는 예수를 믿는 자들을 멸하는 것이 '하나님의 일' 이라 생각하고, 그 일에 열심을 냈었다(9절).

그러나 그런 그에게 부활하신 예수님께서 나타나셔서 부르시고, 이스라엘과 이방인들에게 부활하신 예수를 증거하라는 사명을 맡기셨다(16절, 내가 너로 종과 증인을 삼으려 함이니). 죽은 줄 알았던 예수께서 살아나 직접 말씀하시니 얼마나 놀랐겠으며, 그분을 믿는 자를 핍박한 것이 곧 그 예수님을 핍박한 것이라 말씀하시니(14절), 얼마나 부끄럽고 두려웠겠는가? 그런데 그런 자신을 벌하지 않으시고 사도(apostle= 보냄을 받은 자)로 불러주셨으니, 어찌 충성을 다하지 않을 수 있겠는가?

바울이 선포한 핵심은 '그리스도가 고난을 받으실 것과 죽은 자들 가운데서 먼저 다시 살아나사 이스라엘과 이방인들에게 빛을 전하시리라' 는 것이다

(23절). 복음의 핵심은 예수님의 삶과 죽으심 그리고 부활인 것이다. 그리고 그분의 역사(役事)로 말미암아 그분을 믿는 자들은 다시 살아나게 되는 것이다(8절). 그러므로 이 내용이 빠진 전도나 설교는 무의미하며, 마치 울리는 꽹과리와 같다.

한편 바울뿐 아니라 모든 성도는 예수를 십자가에 못 박아 죽인 자들이다. 예수께서 우리 죄 때문에 십자가에 달리셨기 때문이다. 또한 우리는 예수님과 복음을 증거할 증인으로 부름을 받았다. 사도들처럼 살아계신 예수님을 직접 만나지는 못했지만 사도들의 증언을 믿으며, 그리스도의 영인 성령을 받은 자들이기 때문이다.

그러기에 오늘도 우리는 사도 바울처럼 누구 앞에서든지 예수 그리스도와 십자가를 담대히 선포해야 하며, 또 그런 삶을 살아내야 한다. 그럴 때 베스도가 바울에게 말했던 것처럼 사람들로부터 '네가 미쳤다' 라는 소리를 들을 수도 있다(24절). 세상의 지식으로는 도저히 부활을 믿을 수 없기 때문이다.

그러나 참된 복음이 선포될 때 성령께서 역사하심으로 어둠에 있던 자들이 빛으로, 사탄의 권세에 매여 있던 자들이 하나님께 돌아와 죄 사함을 얻고, 거룩한 무리(성도들) 가운데서 기업(基業)을 얻게 될 것이다.

> "말이 적으나 많으나 당신뿐만 아니라 오늘 내 말을 듣는 모든 사람도 다 이렇게 결박된 것 외에는 나와 같이 되기를 하나님께 원하나이다"(29절)

사도행전 27장

사명은 반드시 이루어진다

바울아 두려워하지 말라 네가 가이사(Caesar) 앞에 서야 하겠고 또 하나님께서 너와 함께 항해하는 자를 다 네게 주셨다 하였으니(27:24)

바울은 로마에 꼭 가고 싶었다. 개인적인 욕심이나 호기심 때문이 아니라, 로마는 전 세계 모든 것들이 모이고 또 다시 전파되는 중심지였기 때문이다. 그러기에 그는 신령한 은사 곧 복음을 로마 교회와 나누고 싶었고, 또 그들의 도움으로 당시 땅끝으로 알려진 서바나(스페인)까지 가고 싶었기 때문이다.

주님께서도 수차례에 걸쳐 바울에게 '네가 로마에 가서 증언하여야 하리라' 말씀하시기도 했다. 이것은 명령임과 동시에 약속이었기에, 반드시 이루어질 수밖에 없었던 것이다(행 19:21, 27:24).

> "그날 밤에 주께서 바울 곁에 서서 이르시되 담대하라 네가 예루살렘에서 나의 일을 증언한 것같이 로마에서도 증언하여야 하리라 하시니라"(23:11)

한편 바울의 예루살렘으로부터 로마까지의 항해는 예수님의 갈릴리로부터 예루살렘까지의 여정과 유사했다. 예수님께서 십자가에 달리신 후 부활하신 것처럼, 바울 역시 파선으로 인한 죽음으로부터 주님의 은혜로 다시 살아났던(復活) 것이다.

어쨌든 바울의 로마로의 항해는 천신만고 그 자체였다. 거의 2주 동안 암흑 속에서 어디로 가는지 모른 채 풍랑 치는 대로 떠내려갈 수밖에 없었다. 한마디로 살 소망이 완전히 끊어진 것 같은 상태였던 것이다(고후 1:8). 그런데 그런 상황 가운데 주님께서는 천사를 보내 그를 위로하시고, 그와 함께 항해하는 모든 자들이 살게 될 것임을 약속해 주신다(24절). 우리에게 위기를 허락하시는 분도 주님이시며, 또 그 위기에서 피할 길을 주시고, 구원해 주시는 분도 하나님이신 것이다. 할렐루야!

그렇다. 우리가 완성(구원)을 향해 가는 길에도 사도 바울이 겪었던 것과 같은 환난이 반드시 있게 된다. 그리고 우리는 왜 그런 환난이 주어지는지 그 이유를 정확히 알 수는 없다. 그러나 한 가지 확실한 것은, 그 환난이 우리의 구원을 위해 꼭 필요하기에 주어지는 것이며, 다른 사람들의 구원을 위해서도 쓰임을 받는다는 것이다.

만약 열 가지 재앙이 없었다면 애굽 사람들이 어떻게 하나님의 권능을 알 수 있었겠으며, 홍해가 앞을 가로막지 않았다면 어떻게 홍해를 가르시는 하나님을 알 수 있었겠는가?

한편 바울이 탔던 배에 승선했던 276명의 사람들이 두 번씩이나 바울로 인해 살아남을 수 있었다. 바울을 지키려는 하나님의 손길로 인해 그들은 바다의 거친 풍랑으로부터 그리고 로마군의 살해 위협으로부터 구원받았던 것이다.

오늘날에도 하나님의 모든 관심은 성도들에게 있으며, 성도들의 구원을 위해 이웃들을 살려두고 계시다. 그러므로 우리는 나로 인해 우리 이웃이 살아 있다는 자부심을 가져야함은 물론, 그들에게 영원한 생명이신 예수 그리스도를 전하는 일에 진력을 다해야 한다.

주님께서 우리 일거수일투족을 지키시기에 바울처럼 우리는, 우리에게 주어진 사명이 이루어지기까지 절대로 죽을 수 없다. 할렐루야!

> "내가 확신하노니 사망이나 생명이나 ~ 높음이나 깊음이나 다른 어떤 피조물이라도 우리를 우리 주 그리스도 예수 안에 있는 하나님의 사랑에서 끊을 수 없으리라" (롬 8:38, 39)

| 사도행전 28장 |

지금도 계속되고 있는 사도행전

바울이 ~ 자기에게 오는 사람을 다 영접하고 하나님의 나라를 전파하며 주 예수 그리스도에 관한 모든 것을 담대하게 거침없이 가르치더라(28:30, 31)

하나님 말씀대로 천신만고 끝에 바울 일행은 한 사람도 죽지 않고 멜리데라는 섬에 가까스로 상륙했다. 그런데 거기서 바울은 독사에 물리고 만다. 왜 하필이면 그 많은 사람 중에 바울이 독사에 물렸을까?

처음에 사람들은 뱀에 물린 것을 보고 분명히 바울이 죽을죄(살인죄)를 지었음에 틀림없다고 생각했다. 비록 바다에서는 살아났지만, 또다시 독사에 물려 죽을 수밖에 없게 되었기 때문이다.

그런데 이게 웬일인가? 바울이 독사를 툭툭 떨어버리고 멀쩡하지 않은가? 그러자 사람들은 독사에서 물리고도 아무런 해를 받지 않은 바울을 신(god)으로 섬기려 한다(6절). 사람들의 마음은 이렇게 변하기 쉬운데, 역사의 주인이 하나님이신 것을 알지 못하기 때문이다. 그러기에 우리는 사람이나 환경을 바라보지 말고 변함없으신 하나님만 바라봐야 한다.

이렇게 수많은 어려움을 겪었던 바울은, 자신을 만나기 위해 일부러 내려온 로마 성도들을 만나 큰 위로를 받는다. 바울을 알지도 못하는 로마 성도들이 그를 만나러 먼 길을 달려와 주었기 때문이다(15절). 우리보다 우리를 더 잘 아시는 하나님께서는 이렇게 꼭 필요할 때 우리에게 뜻하지 않은 위로를 주심으로 격려하신다. 할렐루야!

로마에 도착한 후 바울은 시위대 감옥에 넘겨졌다. 그리고 감시를 받기는 했지만 그곳에서 비교적 자유로운 생활을 할 수 있었으며, 복음을 전할 수도 있었다. 비록 바울은 묶여있지만 하나님의 복음은 묶일 수 없기 때문이었는데, 그 결과 복음은 시위대 안과 그 밖의 모든 사람들에게 전해지게 되었다(빌

1:14).

"형제들아 내가 당한 일(나의 매임)이 도리어 복음 전파에 진전이 된 줄을 너희가 알기를 원하노라" (빌 1:12)

이렇게 사도 바울은 로마 당국의 허락하에 자기 셋집에 머물면서 이태 동안 하나님 나라와 주 예수 그리스도에 관한 것을 담대하게 가르쳤다. 그리고 그 후 2~3년 정도의 자유를 누린 후 재수감되어 유죄 판결을 받고 처형되었다고 한다.

이렇게 사도 바울의 사역은 끝이 났다. 그러나 그가 뿌렸던 복음의 씨앗은 싹을 내고 열매를 맺어 오늘날 우리에게까지 면면히 전해져 왔다. 그리고 앞으로도 그 복음은 하나님이 창세전에 작정하신 144000명 모두가 구원을 받을 때까지, 성도들에 의해 계속해서 전해질 것이다. 땅끝까지 복음이 전해지리라는 부활하신 주님의 약속은 반드시 이루어질 것이기 때문이다.

"오직 성령이 너희에게 임하시면 너희가 권능을 받고 예루살렘과 온 유대와 사마리아와 땅끝까지 이르러 내 증인이 되리라 하시니라" (1:8)

그리스도로 보는
복음서

1판 1쇄 발행 2021년 12월 3일

지은이 김평래
펴낸이 김재선

펴낸곳 예 솔
출판등록 제2002-000080호(2002. 3. 21)
주   소 서울시 마포구 양화로6길 9-24 동우빌딩 4층
전   화 02)3142-1663(판매부), 335-1662(편집부)
팩   스 02)335-1643
홈페이지 www.yesolpress.com
ISBN 978-89-5916-918-4   03230

이 책은 저작권법에 따라 보호받는 저작물이므로 무단 전재와 무단 복제를 금합니다.
책값은 뒤표지에 표시되어 있습니다.